KB057128

영어 3등급
벽을 뛰어넘는

아웃풋 공부법

멘탈 관리부터 세상 친절한 내신·모의고사 공부 노하우까지

영어 3등급 벽을 뛰어넘는

아웃풋 공부법

이은지 지음

서사원

프롤로그

여러분은 영어 시험지를 채점할 때 어떤 느낌이 드나요? 행복한
가요? 아니면 좌절감과 패배감을 느끼나요? 중하위권 학생들은
아마 행복하거나 뿌듯하지는 않았을 거예요. 제가 수년간 학원과
과외 강사로 활동하며 만난 수많은 아이가 중하위권이었어요. 아
이들은 하나같이 이렇게 말하더군요. "조금만 더 열심히 공부하
면 오를 것 같아요!" 과연 노력만 하면 되는 것일까요? 시험 끝나
고 매번 같은 다짐을 반복하고 있지는 않나요? 노력하면 된다는
데 그 노력은 대체 어떻게 하는 걸까요? 무작정 많이 공부하면 되
는 것일까요? 이 책은 이 모든 질문에 대한 답을 제자에게 들려주
듯 친절히 소개했습니다.

이 책을 읽는 팁을 알려드릴게요. 차근히 읽어 내려가면서 나의 공부 방법은 어땠는지 떠올려 보세요. 그리고 이 책과 대화하며 읽어 보세요. 또 책에서 제시하는 방법을 하나씩 실천해 보세요. 막상 시작해 보면 어떤 방법이 나와 맞는지 알 수 있을 거예요. 상상과 실제는 꽤 다르답니다!

영어 점수 때문에 마음고생하는 여러분 또한 저의 제자라는 마음으로 이 책을 썼어요. 학교에서 치이고 학원에서 치이는 우리 학생들에게 이 책이 조금이나마 도움이 되기를 바랍니다. 다시 또 마음잡고 독서실로 향할 미래의 영웅들에게 건네는 친구 같은 선생님의 조언이라고 생각해 주세요.

강사가 되기 전 단순히 '공부하지 않으니까 성적이 하위권'이라고 생각했던 저의 과거를 이 책을 쓰며 반성했습니다. 사실 중하위권 학생의 대부분은 '올바르게 공부하는 법' 자체를 모릅니다. 열심히 공부하는 것에 비해 성적이 마음처럼 나오지 않는 학생들과 영어 공부를 잘하고 싶은 학생들 그리고 학부모들께 이 글을 바칩니다. 이 책이 여러분의 공부법을 돌아보는 계기가 되기를 바랍니다.

차례

chapter 8

실전!
영포자 시험장에 들어서다

chapter 9

이제는 영어가 만만해진
영포자들의 이야기

chapter
1

영어 공부 전,
일단 '마음공부'부터 하자

공부에도
'마음가짐'이 중요하다

'열심히 하면 성적이 오를 거야!' 여러분은 이런 마음으로 공부하고 있나요? 아니면 솔직히 '해도 오를까?'라는 생각으로 공부하고 있나요? 가장 중요한 공부는 '마음공부'랍니다. 많은 친구가 '이렇게 공부한다고 오를까?'라는 생각으로 공부하고 있어요. 물론 입시지옥을 겪으며 불안과 두려움을 느끼는 것은 자연스러운 현상이에요. 다만, 많은 친구가 희망보다는 절망으로 공부하는 모습을 보면 매우 안타까워요. 그런 불안과 두려움은 마음고생을 넘어 실제 공부에도 큰 영향을 끼친답니다. 공부에 지장을 주는 생각들은 다음과 같아요.

'이미 늦지 않았을까?'

'나는 머리가 나쁜가 봐. 다른 친구들은 빨리 외우는데 나는 느려.'

왜 이런 생각이 공부에 영향을 줄까요? 우리의 뇌는 생각보다 감정에 많은 영향을 받아요. 긍정적인 생각을 하면 뇌는 '도파민 dopamine'이라는 호르몬을 내보냅니다. 도파민은 집중력, 의욕, 학습 능력을 높이는 물질입니다. 반대로 마지못해 공부하면 스트레스 호르몬인 '코르티솔cortisol'이 분비되어 기억력이 저하됩니다. 즉, 같은 시간을 공부해도 어떤 마음으로 하느냐에 따라서 학습 성과가 크게 좌우된다는 말이지요. 우리는 이미 경험해 봐서 알고 있어요. 친구와 싸우고 나서 혹은 선생님에게 혼나고 나서 공부가 잘된 적이 있었나요? 아마 없었을 거예요. 반대로 새해 첫날 막 공부를 시작했을 때, 꿈과 희망에 차 있을 때는 공부가 잘되지요. 아마 많은 친구가 공감할 거예요. 시험에 강해지려면 마음도 강해져야 한답니다. 우리 학생들에게 세 가지 마음가짐을 강조하고 싶어요.

첫째, 나를 다른 친구들과 비교하지 마세요. 나보다 잘하는 친구들을 보면서 주눅 들 필요 없어요. 제가 좋아하는 자기계발 전문가 김미경 선생님께서 이런 말씀을 하신 적이 있어요. '나보다 잘하는 사람을 보고 실력 차이에 기죽지 말고, 공부에 쏟은 '시간 차이'라고 생각하라'고요. 나보다 잘하는 친구들은 공부에 나보다 많은 시간을 쏟은 것뿐이에요. 그 말은 곧 나도 시간을 쏟으면 더 잘할 수 있다는 말입니다. 불행은 비교에서 시작된다고 해요. 남과 비교하기보다 '어제의 나'와 비교해 보세요. 그리고 어제보다 못했던 점을 찾지 말고 어제보다 나아진 점을 찾아보세요. 어제보다 한 문제를 더 풀었다면 나는 그 한 문제만큼 성장해 있어요. 시간의 힘을 믿고 꾸준히 시간을 쏟는다면, 내일의 나는 분명히 어제의 나보다 나을 거예요.

둘째, 나 자신을 믿으세요. 여러분은 모두 잘할 수 있는 사람이랍니다. 지금 이 책을 읽고 있다는 사실이 나아지고자 하는 향상심이 있다는 증거지요. 향상심은 그 무엇과도 바꿀 수 없는 소중한 마음가짐입니다. 잘하고 싶은 여러분을 믿어 주세요. 많은 친구가 자신은 머리가 나쁘다고 한탄합니다. 하지만 머리는 쓸수록 좋아집니다. 영어 공부의 기본인 단어 암기도 처음 하면 몇 시간을 투자해도 30개도 외우지 못해요. 하지만 매일 꾸준히 단어 암기를 하다 보면 속도가 훨씬 빨라지는 것을 느낄 수 있어요. 실력이 쌓이면 쌓일수록 공부 머리도 좋아집니다.

저 역시도 처음 공부할 때 암기가 잘 되지 않아 아주 속상했답니다. 그러나 차근차근 제대로 된 방법으로 공부하니 나중에는 같은 시간에 훨씬 더 많은 양을 외울 수 있었어요. 다시 한번 말하지만, 공부 머리는 쓸수록 좋아집니다. '나라는 사람은 이런 사람이야'라고 규정하지 마세요. 한 걸음 한 걸음 내딛는 오늘의 나를 믿어 주세요. 올바른 방법으로 꾸준히 공부하다 보면 어느덧 점점 실력이 나아지는 내 모습을 볼 수 있어요. 여러분은 무한한 가능성을 지니고 있답니다. 나의 미래는 지금의 내 생각대로 만들어집니다.

마지막으로, 결과보다는 오늘 나의 행동에 집중해 보세요. 성적표를 볼 때, 채점할 때 내 점수에 아주 속상하죠. 나름 공부한다고 한 것 같은데 내 이상과는 다른 점수가 나오니까요. 하지만 여러분, 좋은 영어 성적은 나중에 따라옵니다. 물은 100도가 넘어야 끓기 시작합니다. 그럼 99도의 물과 0도의 물은 같을까요? 99도의 물은 끓는 점을 향해 열심히 달려가고 있어요. 겉으로 보기에는 같아도 0도의 물과는 완전히 다릅니다. 영어도 기본기부터 차근차근 쌓아 올려야 서서히 성적이 오릅니다. 당장 성적은 안 올라도 내 영어 실력은 차근차근 오르고 있어요.

이왕 속상해야 한다면 성적에 속상해하기보다 핑계 대며 빠진 학원, 과외, 자습 시간을 속상해하세요. 틀린 문제에 속상해하지 말고 하지 않은 숙제에 속상해하세요. 정확한 곳에 정확하게 가슴 아파해야 내 실력이 늡니다. 점수에 일희일비하지 말고 매일 순간의 내 행동에 집중해 보세요. 당장 독해를 못 해도 단어를 외워 보세요. 당장 리스닝 점수가 안 나와도 그냥 들어 보세요. 문법 문제를 못 풀어도 개념 하나만 이해해 보세요. 나의 작은 행동이 나중에 결과가 되어 돌아옵니다. 그리고 오늘 열심히 공부했다면 열심히 한 자신을 칭찬해 주세요. 오늘의 좋은 행동이 쌓이고 쌓여 좋은 결과가 따라온답니다.

이 세 가지를 잘 지키면 여러분의 마음도 잘 지킬 수 있을 거예요. 읽으면서 뜨끔한 부분도 있었을 것이고 자신의 마음가짐을 돌아보기도 했을 겁니다. 공부를 시작하기 전에 자신의 마음을 먼저 들여다보세요.

펜과 노트를 꺼내 지금까지 어떤 마음가짐으로 공부했는지 쭉 적어 보고 앞으로 어떤 마음가짐을 가져야 하는지도 한번 정리해 보세요. 희망으로 공부하면 그 순간을 즐길 수 있습니다. 불안과 비교의 마음이 고개를 내밀면 차분히 내 감정을 일기로 풀어내 보세요. 긍정적인 다짐도 같이 적으면 더욱 좋습니다.

다시 한번 말하지만, 공부는 마음가짐이 가장 중요해요. 여러분 모두에겐 충분한 가능성이 있답니다. 나는 내 생각대로 될 수 있어요. 과거는 홀홀 털어 버리고 이제부터 시작이라는 마음가짐으로 출발해 봅시다. 절대로 늦지 않았어요. 지금부터 열심히 하면 분명 영어가 내 편이 되어 줄 거예요. 승부는 영어 시험 시간이 아닌 지금 내 마음속에서 펼쳐집니다.

만 가지 핑계는 버리고
JUST DO IT!

같은 시기에 제가 지도했던 고3 친구 A와 B가 있었어요. 둘은 성적도, 가르친 기간도 비슷했지요. A는 제게 이렇게 말했어요. "선생님, 꿈이 명확하지 않아 공부하는 게 쉽지 않아요. 동기가 없으니까요. 매일 공부하려고는 하지만 꿈이 없다는 생각에 멈추게 돼요." B는 제게 이렇게 말했습니다. "선생님, 전 꿈이 없어요. 꿈이 있는 친구들이 참 부러워요. 그래도 공부는 일단 해 놓으려고요. 나중에 꿈이 찾아왔을 때 그 꿈에 미안해하고 싶지 않아요."

두 친구의 결과는 어땠을까요? 모두가 예상하듯 B의 성적 향상 폭이 훨씬 컸답니다. 두 친구 모두 성적이 하위권이었고, 꿈이 없었는데 말이지요. B는 어떻게 열심히 공부할 수 있었을까요? B는 '일단 시작하는 힘'을 잘 알고 있었습니다. 일단 공부하는 좋은 습관을 지니고 있었어요. 날씨가 좋지 않아도, 기분이 좋지 않아도, 시간이 부족해도, 친구와 싸워도, 성적이 걱정되어도 일단 시작하는 친구였지요. 감정에 휘둘려 핑계를 대지 않았어요. B의 이런 습관은 성적 향상이라는 좋은 결과로 나타났습니다.

오늘도 만 가지 핑계를 대고 공부하지 않은 여러분, 어떻게 해야 우리가 변할 수 있을까요? 공부를 잘하려면 매일 하면 된다는 사실은 모두가 알고 있어요. 문제는 실천이랍니다. 동기 부여를 위해 SKY 대학 합격생의 후기를 읽어 보거나 유튜브에서 멋진 강연을 듣기도 하지만 이런 방식은 오래가지 않습니다. 기분이 좋지 않을 때는 공부하고 싶은 기분이 들지 않기 때문이에요. 어제는 이런 일로, 오늘은 저런 일로 공부를 미루게 되지요. 감정에서 출발한 습관은 한계가 있습니다.

행동을 먼저 취해 보세요. '기분이 별로지만 그래도 단어 2개는 외우겠다'라는 아주 작은 행동으로 먼저 시작해 보는 거예요. 행동은 감정에 영향을 끼칩니다. 기분이 좋아야 공부하는 것이 아니라 먼저 공부하다 보면 거꾸로 기분이 좋아집니다. 사실 공부를 막 시작할 때보다 공부하기 직전까지가 가장 마음이 불편하고 힘들어요. 막상 시작하면 할 만한데 말이에요. 왜일까요? 사실 커다란 동기가 없는 이상 공부하기 전까지는 큰 의욕이 나지 않는 것이 정상이에요. 앞서 이야기했듯, 의욕이 생겼을 때 공부하려고 기다리면 그날 공부할 가능성은 매우 낮습니다. 유명한 정신과 의사인 크레펠린Emil Kraepelin은 하기 싫은 일이라도 일단 시작하면 점점 의욕이 생겨 그 일을 계속하게 되는 현상을 '작동 흥분 이론work excitement theory'으로 설명했어요. 즉, 의욕이 있든 없든 일단 행동을 하면 발동이 걸린 기계처럼 그 일에 몰두하게 되는 것이지요.

이와 같은 사실은 정신과 의사 가바사와 시온樺沢 紫苑의《아웃풋 트레이닝》을 보면 더 자세히 알 수 있습니다. 일단 일을 시작하면 5분 후 뇌의 측좌핵이라는 부위에 있는 신경세포가 활동하면서 해마와 전전두피질에 신호를 보냅니다. 이때 의욕이 생긴다는 것이지요. 정말로 공부할 의욕이 나지 않을 때, 오히려 5분만 참고 공부해 보세요. 아주 쉬운 내용이라도 괜찮아요. 하다 보면 거꾸로 잘하고 싶다는 의욕이 샘솟는 것을 느낄 수 있을 거예요.

스티븐 기즈Stephen Guise의《지금의 조건에서 시작하는 힘》에서도 이와 관련된 재밌는 연구 결과를 볼 수 있습니다. 사회심리학자 에이미 커디Amy Cuddy의 실험에서 한 집단은 자신감 있는 자세를 취하고 또 다른 집단은 구부정한 자세를 취했다고 합니다. 2분 후 자신감 자세 집단의 스트레스 호르몬인 코르티솔 수치는 25퍼센트 감소했고, 테스토스테론testosterone 수치는 20퍼센트 증가했다고 해요. 테스토스테론의 증가로 위험 감수 의지와 자신감이 커졌고 코르티솔의 감소로 두려움과 스트레스 수준이 낮아졌습니다. 아주 단순한 행동도 감정에 화학적인 영향을 줄 수 있다는 말이지요. 듀크 대학교ᴅᵘᵏᵉ ᵁⁿⁱᵛᵉʳˢⁱᵗʸ 학술지에 발표된 논문에서도 또 다른 증거를 찾아볼 수 있는데, 실험 참가자들이 생각만 할 때보다 행동을 했을 때 감정적 변화가 발생할 가능성이 두 배나 높았다고 합니다.

행동을 출발점으로 두세요. 더 많은 행동은 작은 행동에서 비롯됩니다. 공부하기가 정말로 싫을 때 아주 사소한 공부부터 시작해 보세요. 일단 시작하면 '공부하는 나'에 대한 긍정적인 감정이 생겨납니다. 감정에서 출발하면 휘둘립니다. 공부하지 않는 이유를 합리화하지 마세요. 핑계는 얼마든지 찾을 수 있어요. 핑계는 나 자신에게 순간적인 면죄부를 줄 뿐 내 성적을 올려 주지는 않아요. 꾸준한 실천만이 성적 향상의 지름길입니다.

공부하기 딱 좋은 완벽한 상황은 절대로 찾아오지 않습니다. 날씨가 좋고, 주변 사람들이 너무 친절하고, 숙제가 하나도 없고, 칭찬해 주는 선생님이 옆에 있는 그 날을 기다리나요? 그런 날은 또 너무 기분이 좋아서 나가 놀고 싶은 게 사람 마음입니다. 완벽주의를 버려야 해요. 완벽하지 않아도 일단 책상에 앉아서 공부해 보세요. 달력에 10분 이상 공부한 날을 동그라미 치면서 확인해 보세요. 아무리 바쁜 날이라도 10분은 공부할 수 있습니다.

목표를 잘게 쪼개면 행동이 더욱 쉬워집니다. '하루에 단어 30개 외우기'라는 큰 목표가 있다고 가정해 봅시다. 하루는 학교에서 체육대회를 해서 너무 피곤해요. 단어 30개를 못 외울 것 같아요. 이럴 때 많은 친구가 쓰는 전략이 '왠지 컨디션이 좋을 것 같은 내일의 나에게 미루기'입니다. 잘게 쪼갠 목표가 이럴 때 도움이 됩니다. '단어 30개 외우기'라는 하나의 목표를 3단계로 쪼개 보세요. 먼저 1단계 목표는 단어 2개 암기입니다. 정말 힘든 날이라도 단어 2개쯤은 외울 수 있어요. 2단계 목표는 단어 10개 암기입니다. 적당히 힘들어도 10개 정도는 틈틈이 외울 수 있을 듯해요. 3단계 목표는 원래 목표였던 단어 30개 암기입니다.

재밌는 점은 1단계 목표만 달성하자고 공부하다 보면 어느새 2단계 목표까지 도달할 때도 많다는 점이에요. 물론 정말 힘들고 아픈 날은 1단계만 공부해도 습관 만들기에는 성공한 셈이지요. 이렇게 목표를 잘게 쪼개면 매일 성공할 수 있답니다. 큰 목표는 도달하기 어려워 완벽한 상황만을 기다리는 '완벽주의의 함정'에 빠질 수 있어요. 작은 목표를 성취하는 기쁨을 알아 간다면 여러분도 매일 공부하는 습관의 토대를 마련할 수 있어요.

생각만으로는 변화를 끌어낼 수 없어요. 성적을 올리고 싶나요? 매일 공부하는 우리 반 1등처럼 좋은 습관을 만들고 싶나요? 그렇다면 일단 시작해 보세요. 시작하는 행동 그 자체가 가장 중요합니다. 감정으로 시작하지 말고 아주 작은 행동 먼저 시작해 보세요. 매일 성공하는 나를 마주해 봅시다.

좀 더 산뜻한 기분으로
공부하는 법

이왕 하는 공부, 좀 더 산뜻한 기분으로 할 수 없을까요? 공부를 조금이라도 즐길 수 있다면 더 열심히 공부하게 되지 않을까요? 공부가 재미있고 자꾸 하고 싶으면 참 좋을 텐데 말이죠. 사실 이렇게 공부에 관한 책을 쓰고, 공부하라는 잔소리를 직업으로 삼은 저 역시 공부가 참 지루했답니다. 학교 수업, 학원이나 과외에 지친 우리 학생들도 공부가 많이 힘들 거예요. 하나하나 같이 짚어 가며 공부가 싫은 자신의 마음을 들여다보고 좀 더 산뜻한 기분으로 공부하는 법을 알아봅시다.

일단 시작하는 힘으로 공부를 시작한 우리 친구들에게 슬슬 지치는 때가 옵니다. 딴짓하고 싶고 책상을 박차고 나가 친구와 놀고 싶어져요. 이런 생각이 들 때는 가장 먼저 내가 체력적으로 지쳐 있는 것은 아닌지 확인해 봅시다. 공부할 때 정말 중요한 것이 체력이에요. 공부 습관이 잡혀 있지 않을수록 휴식 시간을 제대로 활용하지 못하는 경우가 많습니다. 운동할 때 주기적으로 쉬는 시간이 필요하듯, 공부할 때도 쉬는 시간이 필요해요. 의욕적으로 몇 시간 동안 공부하다 지쳐서 아예 공부를 그만두는 친구들이 많아요. 이런 친구들은 주기적으로 쉬는 시간을 안배해 체력을 관리할 필요가 있답니다. 쉬는 시간을 계획적으로 설정하면 훨씬 더 오래 책상에 앉아 있을 수 있어요. 그러면 자연스럽게 공부 시간도 늘어나지요.

그럼 쉬는 시간에는 무엇을 해야 할까요? 쉴 때 가장 주의해야 할 것은 스마트폰이에요. 잠시 카톡을 확인하다가, 유튜브 영상을 딱 하나만 보려다가 온 신경을 빼앗길 수 있어요. 당연히 공부로 돌아가기가 쉽지 않겠지요. 쉬는 시간에는 잠시 주변을 산책해 보세요. 주변을 산책하며 신선한 공기를 마시고 오래 앉아 있어 뻐근한 몸도 가볍게 풀어 주는 거예요. 스트레칭을 해도 좋아요. 가벼운 간식을 먹는 것도 재충전에 도움이 됩니다. 초콜릿 한 알이면 당 충전이 되어 기분이 좋아질 거예요. 단, 간식을 너무 많이 먹으면 배가 불러 졸릴 수 있으니 조심하세요. 쉬는 시간은 10분 정도가 적당해요. 정해진 시간이 끝나면 다시 열심히 공부해 보세요.

'장소 바꾸기'도 지치지 않고 오래 공부하는 좋은 방법이에요. 저는 오전에는 집에서 글을 씁니다. 그리고 점심을 먹고 나면 카페로 가서 수업 준비를 시작해요. 같은 곳에서 글쓰기와 수업 준비를 하면 아마 쉽게 지루해질 거예요. 의도적으로 장소를 바꾸면 훨씬 더 산뜻한 기분으로 공부할 수 있습니다. 카페라는 공간은 경제적으로 부담이 될 수 있으니 도서관이나 학교 자습실 등을 활용해 보세요. 특히 하루가 통째로 주어지는 주말의 경우 이 방법이 굉장히 도움이 됩니다. 3시간쯤 집중하면 서서히 효율과 속도가 떨어져요. 이때 장소를 바꾸면 매너리즘에서 벗어날 수 있습니다. 이와 같은 사실은 가바사와 시온의《외우지 않는 기억술》이라는 책에도 잘 나와 있습니다.

　뇌 속의 해마는 '기억', '학습', '정보 처리'와 깊게 연관되어 있다고 합니다. 당연히 뇌 속의 해마를 자극하면 훨씬 더 공부가 잘되겠지요. 해마에는 '장소 세포'라는 것이 있어 장소를 이동하면 그 세포가 자극받아 세타파theta(θ) wave를 발생시킨다고 해요. 장소를 이동하기만 해도 기억력이 좋아집니다. 하지만 여기서도 주의할 점은 있어요. 집에서 공부한다고 돌아가 쭉 쉬어 버리는 것을 경계하세요. 아무래도 집은 편안한 장소이기에 유혹에 빠지기 쉽습니다. 에너지로 가득 찬 아침에 공부하는 장소로는 적합하지만, 심신이 지친 오후나 밤에는 유혹의 장소가 될 수 있습니다. 유혹이 널려 있는 공간보다는 공부에 집중할 수 있는 공간이 공부 장소로는 더 적합하겠지요?

심리적인 요인도 살펴봅시다. 문제를 풀 때 드는 생각이 공부를 더욱 싫어지게 하는 요인이 될 수도 있어요. 공부를 싫어하는 학생일수록 '틀렸다'라는 사실에만 집중하는 경향이 있어요. 공부하면 할수록 필연적으로 틀린 문제와 자주 마주하게 되는데, 그 과정에서 불안해하는 학생들이 많습니다. 특히 자존감이 낮을수록 점수와 본인을 동일시하는 실수를 하지요. 어떤 학생은 점수 확인이 두려워 문제만 풀고 채점을 하지 않기도 합니다. 공부했다는 느낌은 얻고 싶은데 잘 풀지 못하는 자신을 마주할 용기는 나지 않기 때문이지요.

하지만 공부라는 것은 잘못 알고 있는 부분을 개선해 나가는 과정입니다. 틀린 문제는 나를 한층 더 업그레이드하는 보석과도 같은 존재예요. 오히려 맞은 문제들은 도움이 안 될 때가 더 많습니다. 틀린 문제를 나를 도와주는 조력자로 생각해 보세요. 채점하며 크게 상처받지 않고 더 나은 기분으로 공부할 수 있습니다. 틀렸던 문제를 다시 풀어 보는 과정, 그 과정에 집중해 보세요. 나아시고 있다는 생각으로 스스로 위로하고 다독여 주세요. 공부를 못하는 자신을 바라보는 게 때로는 힘들 수도 있습니다. 하지만 긍정적으로 생각해 보세요. 자신을 직면하는 과정에서 우리는 발전할 수 있답니다.

때로는 '실력 향상'이라는 확실한 보장을 받지 못해서 공부를 싫어하기도 합니다. 성적이 오를 것이라는 믿음으로 공부해야 하는데 성적 향상은 당장 찾아오지 않으니까요. 오랜 시간 공부하고도 큰 성적 향상이 없었던 친구들이 많이 겪는 과정입니다. 또, 지금까지 공부를 제대로 해 본 적이 없어 공부 방법 자체를 모르는 친구들도 많습니다. 꾸준히 하고는 있으나 본인의 공부 방법에 확신이 없는 것도 같은 경우입니다. 모두 올바른 영어 시험 공부 방법을 몰라 벌어지는 일이지요. 가장 근본적인 해결책은 올바른 영어 공부 방법을 배우고 실천하는 것입니다. 자세한 공부 방법은 다음 장부터 소개할 예정이니 하나하나씩 실천해 봅시다.

오늘의 내가
내일의 자신감을 만든다

공부의 가장 기본은 무엇일까요? 바로 자신감입니다. 자신감은 잘할 수 있을 거라는 확신 또는 어떤 일이 꼭 그렇게 되리라는 것을 굳게 믿는 감정이에요. 아직 우리는 영어에 대한 자신감이 부족할 수 있어요. 성적이 좋지 않으니 자신감이 붙지 않고, 낮은 자신감은 공부에 영향을 끼치지요. 자신감을 갖고 공부하면 훨씬 더 집중할 수 있습니다.

반면 자신감이 없으면 공부하는 내내 마음이 불안하고 회의감까지 느껴져요. 자신감이 공부에 끼치는 영향은 생각보다 큽니다. 사실 모두가 자신감이 중요하다는 것은 알지만, 자신감을 올리는 방법은 잘 모르고 있어요. 여기서는 자신감에 대해 곰곰이 생각해 보고, 어떻게 자신감을 끌어올릴 수 있는지 살펴보겠습니다.

생각해 보면 저 역시도 학창 시절에 자신감이 많이 부족했어요. 발표 시간에는 늘 주눅 들어 있었고 잘하지 못할 것이라는 생각에 압도당하기도 했답니다. 자신감이 낮으니 자책도 많이 하고 불안한 마음도 컸어요. 그러다가 제 주위의 성과가 좋은 사람들을 자세히 관찰해 봤더니 그들 모두가 자신감이 높다는 것을 알게 되었습니다. 자신감이 높으니 주저 없이 행동하게 되고 또 그 행동의 성과가 좋아 자신감이 더 높아지는 선순환이었어요. 이때 내 부족한 자신감을 돌아보게 되었고, 그 후로 자신감을 높이기 위해 노력했어요. 꾸준한 노력으로 지금은 예전보다 훨씬 자신감도 높고 나를 사랑하는 감정인 자존감까지 높아졌답니다.

자신감을 올리는 요령은 생각보다 간단합니다. 앞서 이야기했듯, 자신감은 할 수 있다는 감정입니다. 저는 여기서 한 가지를 더 정의하고 싶어요. 저는 자신감은 곧 '노동'이라고 생각합니다. 이게 무슨 소리냐고요? 예를 들어 설명해 볼게요. 거울을 보며 "나는 할 수 있다! 나는 영어 시험을 잘 볼 수 있다!"라고 '생각만' 하면 정말로 자신감이 올라갈까요? 자신감에는 '실체'가 있어야 합니다. 그렇다면 이 실체라는 것은 무엇을 의미하는 걸까요? 자신감에 실체를 부여하기 위해서는 일단 내 몸이 힘들어야 해요. 실제로 팔과 다리를 움직여야 한다는 말입니다. 꾸준히 책상에 앉고, 졸음을 참고, 손 아프게 필기를 하고, 머리가 터질 것 같아도 참고 한 번 더 보는 행동들이 내 자신감을 끌어올려 줍니다. 공부하는 게 힘들지 않다면 딱 힘들지 않을 만큼만 하기 때문이에요. 당연히 극적인 성적 향상은 힘들겠지요. 하지만 내 몸이 힘들 정도로 공부하면 나도 그만큼 성장합니다. 몸이 힘들어도 한계에 계속 도전하면 앞으로도 잘할 수 있다는 자신감이 생깁니다.

또, 자신감을 올리기 위해서는 매일 반복되는 공부 습관이 있어야 합니다. 어쩌다 한 번이 아니라 매일 매일 내 생활 속에 그 행동들이 있어야 해요. 공부를 불규칙적으로 하면 내 행동을 예측할 수 있을까요? 예측이 되지 않으면 나의 미래도 잘 보이지 않아요. 예측하지 못하니 점점 자신감이 떨어지게 되고, 자신감이 떨어지면 자존감 역시 하락합니다. 매일의 습관들이 내 자신감을 키워 준답니다.

제가 처음 강사로서 수업을 시작했을 때가 생각납니다. 말로는 자신 있다 했지만 사실 아주 두려웠답니다. 대형학원이다 보니 주 6일 근무가 기본이었고 시험 기간에는 쉬는 날 없이 한 달 내내 일하곤 했어요. 수업은 항상 꽉 차 있었고 육체적으로 힘든 나날이 많았습니다. 그런데 재미있게도 몸이 힘들수록 제 자신감은 점점 더 올라가기 시작했어요. 어제도 수업했고 오늘도 수업할 것이니, 다음 수업도 잘할 거라는 생각이 들었습니다. 그리고 그때 깨달았습니다. 자신감을 높이는 데 몸을 움직이는 것만큼 좋은 게 없다는 사실을요.

오늘 하루 열심히 공부했다면 노트에 오늘 한 일들을 구체적으로 적어 보세요. 내가 한 행동들을 열심히 적고 스스로 칭찬하면 나에게 더 큰 자신감을 줄 수 있답니다. 아주 사소한 것이라도 좋습니다. 스스로 해낸 일들을 모두 적어 보세요. 그리고 그 옆에는 스스로 칭찬할 점 10개를 쓰는 칭찬 일기도 같이 적어 보세요. 내가 한 오늘의 행동을 당연하게 여긴다면 자신감은 오르지 않아요. 오히려 더 하지 못한 자신을 자책하는 함정으로 빠질 수 있답니다.

오늘의 행동이 자신감으로 연결되려면 스스로 칭찬하는 습관이 중요합니다. 저 역시 칭찬 일기를 10년째 쓰고 있습니다. 처음에는 어색하고 쓸 말이 없겠지만 아주 사소한 것이라도 쓰다 보면 자신감이 올라갑니다. 공부를 적게 한 날에도 책을 폈다거나, 학원에 지각하지 않았다거나 하는 사소한 칭찬 거리를 찾을 수 있어요. 본인을 매일 구체적으로 칭찬해 주세요. 분명히 조금씩 자신감이 생기고 자존감도 쑥쑥 올라갈 거예요.

자신감은 미래가 아니라 과거에서 온답니다. 이전의 경험을 토대로 앞으로도 문제없다고 생각하기 때문이에요. 영어 공부도 마찬가지입니다. 이전에 해 본 적이 있으면 앞으로도 할 수 있겠다는 생각이 들지요. 그럼 한 번도 제대로 공부해 보지 않은 학생은 어떻게 해야 할까요? 오늘도 내일이 되면 과거가 됩니다. 오늘 하루, 지금 이 순간을 미래의 자신감으로 만들어 주세요. 오늘의 내가 처음으로 30분을 공부했다면 내일의 나는 '30분 공부해 본 사람'이라는 자신감이 생겨요. 하나씩 하나씩 실천하고 해낸 나 자신을 크게 칭찬하고 격려해 주세요.

내일의 나는 분명 오늘만큼 잘할 수 있어요. 심지어 더 잘할 수도 있고요. 천릿길도 한 걸음부터입니다. 조급하게 생각하지 말고 너무 먼 미래를 보며 불안해하지 마세요. 오늘은 일단 오늘 할 일에 집중해 볼까요? 딱 오늘만 생각하고 딱 하나만 생각해 봅시다. 오늘을 내일의 자신감으로 만들어 보세요.

chapter
2

영어 성적을 바꾸는
아웃풋 공부법

학습 효율을 높이는 진짜 공부 '아웃풋 공부법'

헨리 뢰디거Henry Roediger의 《어떻게 공부할 것인가》에 따르면, 우리가 정석으로 여기는 학습 방법은 대부분 헛수고라고 합니다. 우리의 직관에 어긋나는 학습 전략이 오히려 더 효율적이라는 것이지요.

공부 방식은 크게 '인풋input 공부'와 '아웃풋output 공부'로 나눌 수 있습니다. 이 중에서 '아웃풋 공부'만이 진짜 공부입니다. 이 책에서 가장 중요한 부분이니 집중해서 읽어 보세요. 상위권이 말하는 공부와 중하위권의 공부는 개념부터 다릅니다. 상위권 학생들은 '끄집어내는 공부' 즉, 아웃풋 공부를 하고 중하위권 학생들은 단순 반복적인 '인풋 공부'를 합니다.

인풋 공부는 반복해서 읽기, 밑줄 치기, 강의 듣기, 노트에 베껴 쓰기 등 정보를 입력하는 방식의 공부입니다. 우리가 늘 하던 익숙한 방식이지만 쉽고 익숙한 방법이 옳은 방법은 아닙니다. 상대적으로 학습효과가 떨어지는 방법이에요. 학생들에게 물어보면 반복적으로 읽는 인풋 공부를 가장 많이 하고 있어요. 교재를 여러 번 읽으면 내용이 익숙해져서 완전히 그 내용을 소화했다고 착각하게 됩니다. 막상 시험을 보면 분명히 봤던 내용인데 답을 쓰지 못해요. 이런 일이 반복되면 공부 자신감을 잃기 쉽습니다. 시간을 들여 나름대로 열심히 읽고 또 읽어도 문제를 틀리기 때문이에요. 학습 의욕이 사라지고 때로는 자신의 머리가 나쁘다는 생각도 하게 됩니다.

공부 방법이 달라지면 결과도 달라집니다. 효과적인 방법으로 공부해야 해요. 그 방법이 아웃풋 공부법입니다. 아웃풋 공부는 기억을 머릿속에서 뽑아 보는 방법이에요. 문제 풀기, 백지 공부법, 소제목 공부법, 질문하고 답하기, 내용 보지 않고 요약하기, 가르쳐 보기, 기존 지식과 연결하기, 추론하기, 정답인 이유 설명하기가 여기에 속합니다. 인풋 공부와 아웃풋 공부의 비율은 3:7 정도가 적당합니다. 이번 장에서는 아웃풋 공부 방법을 하나씩 살펴보겠습니다.

아웃풋 공부법 ①
문제 풀기

하나의 개념을 배우고 바로 문제를 풀어 보세요. 예를 들어 분사를 배웠다면 문제집에서 분사에 관한 문제를 바로 풀어 보는 거예요. 문제를 풀면서 아는 것과 잘 모르는 것을 구분할 수 있습니다.

영포자의 공부

"문제를 풀기 전에 먼저 개념을 확실히 공부해야지! 'let, have, make'는 목적어와 목적격 보어가 능동 관계일 때······ (여기서 한번 멈칫하지만 일단 계속 읽는다.) 목적격 보어 자리에 동사 원형이 올 수 있다. (문제집 설명을 그대로 따라 읽는다. 특히 설명에만 집중하며 예문을 대충 본다.) 무슨 말이지? 다시 한번 읽어야지. (이해가 되지 않지만 다시 한번 읽는다.) 모르겠다. 그냥 외우자. 아니면 공책에 똑같이 따라 써서 정리해야지. (알록달록한 펜으로 예쁘게 정리한다. 혹은 아예 정리도 하지 않는다.) 아직 무슨 말인지 잘 모르겠어. 문제는 나중에 한꺼번에 풀어야지. (풀지 않을 확률이 더 크다.) 일단 진도부터 다 빼고 나서 문제를 풀자. 계속 반복적으로 보면 언젠가는 이해되겠지. 공신들이 반복이 제일 중요하댔어. (공신의 '반복'과 영포자의 '반복'은 그 의미가 다르다.) 예쁘게 정리한 노트를 보니 마음이 뿌듯해지네. 오늘은 공부 끝! (실제로 이해한 부분은 없다.)

공신의 공부

"음…… 설명 부분이 어렵네? 예문을 보면서 이해해 보자. 'I made him change his mind.' 이 문장에서 목적어는 'him'이고 목적격 보어 자리에는 'change'가 있구나. 두 관계가 능동일 때 동사 원형을 쓰라는데 능동 관계란 무엇일까? 잘 이해가 안 되네. (공신이라고 처음부터 이해가 다 되는 것은 아니다.) 그럼 밑에 있는 수동 관계 예문과 비교해 볼까? (공신은 예문을 더 공들여 본다.) 음, 두 예문을 비교하니까 조금 더 감이 오는 것 같아. 그가 마음을 바꾼 것이니 동사 원형을 썼고 이럴 때가 능동이라는 말이구나. 아직 완벽하게 이해한 것은 아니지만 옆에 있는 문제를 풀어서 더 확인해 보자! (공신은 문제를 푸는 데 주저함이 없다.) 3개를 틀렸네? 아직 해설지는 보지 말고 내가 생각해 봐야겠다. 음, 나는 이러저러해서 현재분사를 썼는데 답은 과거분사네. 나는 왜 현재분사를 썼지? (답을 체크한 이유를 먼저 생각해 본다.) 답이 과거분사려면 이러저러해야 하지 않을까? 생각을 충분히 했으니 해설지와 맞춰 보자. (개념 암기보다 문제 풀이를 더 적극적으로 하면서 개념을 이해한다.)"

영포자도 만만한 공부법
: 문제 풀기

- 💡 개념을 처음 공부할 때 단순히 해설만 보지 않고 예문과 맞춰 본다.
- ✏️ 공신은 목적어라는 단어를 읽을 때 바로 밑 예문에서 목적어를 실제로 찾아본다.
- 💡 개념을 이해할 때 어려운 부분은 스스로 질문하며 읽는다.
- ✏️ 공신은 영포자보다 더 구체적인 질문을 했음을 기억하자.
- 💡 완전히 이해되지 않더라도 일단 문제를 풀어 본다.

✎ 가장 중요한 부분이다. 100퍼센트 이해하고 문제를 풀려는 완벽주의를 버리자. 100퍼센트 이해하는 순간은 영영 오지 않을 수도 있다.

💡 문제를 풀고 틀린 문제는 틀린 이유를 먼저 생각해 본 후 해설지와 맞춰 본다.

아웃풋 공부법 ②
백지 공부법, 소제목 공부법

수업이 끝나면 바로 백지에 생각나는 모든 내용을 적습니다. 백지에 바로 적는 것이 너무 힘들다면 소제목을 미리 써 놓고 내용을 떠올려 보는 방법도 추천합니다.

영포자의 공부

"백지 공부법이 좋다는 말은 많이 들었지. 나도 해 볼까? 음…… 아 근데 진짜 생각이 안 나네. 뭐였지? 아 to부정사! 동명사! (영포자는 원리보다는 수업 중 들었던 용어 정도를 백지에 적는다.) 그래, 목적어? want, expect, plan…… 봤는데 뭐였더라? (영포자는 여기서 막막함을 느끼고 어려워한다.) 공신들은 똑똑해서 백지 공부법이 잘되나 보다. 나는 암기력이 별로니까 백지 공부법은 포기해야겠다. 너무 힘들어. (백지에 몇 글자만 쓴 자신이 초라해져 그만둔다. 혹은 공신과 비교를 한다.) 우울하니까 떡볶이 먹고 다시 힘차게 공부해야지. (떡볶이를 먹고 잠이 든다.)"

공신의 공부

"수업을 들었으니 백지에 적어 봐야지. 오늘 배운 내용의 주제는 무엇이지? (세부적인 사항에 집중하지 않고 거시적인 관점에서 먼저 바라본다.) 동사에 따라서 목적어가 다른 모양으로 올 수 있댔어. (머릿속으로 먼저 설계도를 그린다.) 백지에 적기 전에 오늘 배운 부분의 제목과 소제목을 확인해 보자. (공신도 사람이라 모든 것을 기억하지는 않는다. 이럴 때 교재의 소제목이 도움이 된다.) to부정사를 목적어로 취하는 동사와 동명사를 취하는 동사. 그리고 둘 다 취하는 동사네. (백지를 크게 세 영역으로 나눈 후 각 소제목을 적는다.) 하나씩 적어 봐야겠다. 기억이 잘 안 나지만 그래도 최선을 다해야지. (생각나는 대로 단어를 적는다.) 최선을 다했으니 이제 확인해 볼까? 아 맞아 이 단어도 있었지! 옆에 있는 예문도 보자. 잘 안 외워진 단어에는 형광펜 칠해야지. (확인 후 백지로 돌아가 부족했던 부분을 다시 써 본다. 이제 공신은 아는 것과 모르는 것을 구분할 수 있게 되었다.)"

영포자도 만만한 공부법
: 백지 공부법, 소제목 공부법

- 수업을 들은 후 바로 백지로 가지 말고 수업 주제를 떠올려 본다.
- 세부적인 사항을 암기하는 것보다는 수업의 전체적인 흐름을 이해하는 것이 중요하다. 어렵다면 교재의 가장 큰 제목을 확인한다.
- 백지에 바로 쓰기 어렵다면 교재의 소제목만 적어 놓는다.
- 백지에 소제목의 목차를 써 놓으면 완전 백지에 쓰는 것보다는 할 만해진다.
- 이 수업의 주제를 파악하면서 아는 대로, 떠오르는 대로 적는다.
- 잘 모르는 부분이 나와 질문이 생기면 그 질문을 적어도 괜찮다. 단, 그 질문은 최대한 구체적이어야 한다. (예) 목적격 보어가 뭐지?)
- 이제 교재를 펴고 확인한다. 생각나지 않은 부분은 교재에

형광펜을 칠하면서 암기한다.

✎ 이때 수업 중 사용했던 형광펜과 다른 색을 사용한다.

💡 백지로 다시 돌아가 다른 색 펜으로 방금 공부한 부족한 부분을 채운다.

✎ 다시 생각나지 않아도 괜찮다. 쫄지 말자. 어차피 아무도 안본다.

💡 다시 확인하면서 이 과정을 반복한다.

✎ 특히 잘 안 외워지는 부분은 예문과 설명을 꼼꼼히 보자. 정 어렵다면 학교 선생님을 찾아가 더 설명해 달라고 하자.

아웃풋 공부법 ③
질문하고 답하기

스스로 질문하고 답해 보거나 친구와 서로 질문하고 답해 보세요. 무엇을 질문해야 할지 막막하다면 육하원칙을 이용해 봅시다. 혹은 공부 잘하는 친구들에게 요청해 보세요. 질문하면서 중요 개념을 확인하고 질문에 답하는 것만으로도 충분한 아웃풋이 됩니다.

영포자의 공부

"질문? 음, 질문…… 질문을 만들어 볼까? 'I made him

change his mind.' 이 문장의 뜻은? '나는 그가 마음을 바꾸게 했다.' 좋았어! 다음 문장은…… (영포자는 단어나 문장 해석 위주의 질문을 한다.) 더 이상 생각이 안 나는데? (두리번거리다 옆에 앉은 영포자에게 시선을 돌린다.) 야! 질문 하나 해 봐. (같은 영포자인 친구는 책을 보다 아무 단어나 물어본다.) 그거 뜻? 까먹었는데? 아 그거였어? (마음을 바꿔 교재에 질문을 적어 본다.) 'make'는? 답은 동사 원형이지! (영포자는 make의 목적격 보어 자리에 오는 동사 원형이 아니라 make가 곧 동사 원형이라고 생각한다. 즉 구조에 대한 이해 없이 그저 단순 암기로 접근한다. 따라서 질문도 단순하다.) 야! 내가 문제 하나 내 볼게! 'make'는? (옆 영포자에게 질문을 한다.) 동사 원형이다. 알겠어? 우하하하하! (결국 시험에서 두 친구 모두 관련 문제를 틀린다.)"

공신의 공부

"수업을 들었으니 스스로 질문해 볼까? 선생님께서 오늘 가장 강조하셨던 문장을 보자. (일차적으로 선생님이 수업 시간에 가장 강조했던 부분을 눈여겨본다.) 'I made him change his mind.' 여기서 가장 중요한 건 사역동사 'make'의 쓰임이었지? make 뒤에 있는 목적어와 목적격 보어의 관계가 능동이면 목적격 보어가 동사 원형이랬어. (먼저 문장의 구조를 보면서 이해한다.) 그럼 여기서는 목적격 보어 자리를 문제로 내지 않을까? 현재분사로 바꾼다거나. 그럼 문제를 내 보자. 'change'를 동사 원형으로 써야 하는 이유는? (영포자와 달리 수업의 핵심 내용을 응용해서 질문한다.) 여기서 사역동사인 'make'를 동사로 썼으니 그 뒤에 있는 목적어와 목적격 보어의 관계를 봐야지. 그가 마음을 바꾸는 상황이네. 능동 관계야. 그럼 목적격 보어인 'change'를 동사 원형으로 써야지. (단순 암기가 아닌 원리로 접근한다.) 이런 식으로 스스로 문제를 내 보자. 다음 예시를 보면서 문제를 출제해 볼까?"

영포자도 만만한 공부법
: 질문하고 답하기

- 💡 질문하기 전 오늘 배운 내용의 핵심을 눈여겨본다.
- ✏️ 이때 제목과 소제목을 놓치지 말자. 많은 친구가 세부 내용만 열심히 보고 제목과 소제목을 무시한다. 전체적인 흐름을 알아야 세부 내용이 의미가 있음을 이해하자.
- 💡 핵심을 찾아냈다면 섣불리 질문하기보다 원리를 이해하면서 질문할 부분을 선택한다.
- ✏️ 질문할 부분을 선택하기가 어렵다면 주위 공신들에게 물어보자. 공신에게 왜 하필 그 부분을 질문했는지 물어보는 것도 좋다. 문제를 보는 시선을 기르는 과정이다.

- 💡 질문을 만들어 보자.

- 🖊 질문이 막막하다면 '누가, 언제, 어디서, 무엇을, 어떻게, 왜'
  라는 육하원칙의 관점에서 질문해 보자. (예) 왜 이 자리에 동사
  원형을 써야 할까?)

- 💡 질문에 답해 보자. 답할 때는 근거가 있어야 한다.

- 🖊 근거는 최대한 구체적으로 생각한다. 무엇이 구체적인 답
  인지 감이 안 온다면 똑같은 질문을 주위 공신에게 해 보고
  그들의 답을 유심히 들어 보자. 이때 나와 성적이 비슷한
  친구에게 질문하지는 말자. 답이 거기서 거기일 확률이 높
  기 때문이다. 반드시 주위에 있는 공신에게 물어보자.

- 💡 대답하지 못한 질문은 나의 소중한 보물이다. 별표 치고 반
  드시 알아내자.

- 🖊 설명하기 어렵다면 아직 다 이해되지 않은 부분이다. 이해
  가 되지 않음을 아는 것 자체가 아주 중요하다. 창피해하지
  말고 주위 공신이나 선생님께 찾아가 설명해 달라고 하자.

- 💡 수시로 질문하는 습관을 들이자.

- 🖊 질문하는 것이 아직 익숙하지 않다면 바로 연습문제를 풀면
  서 왜 출제자가 이 부분을 질문했을까를 유심히 살펴보자.

아웃풋 공부법 ④
내용 보지 않고 요약하기

요약문 만들기는 글의 주제를 찾아내는 좋은 연습이 됩니다. 보면서 요약하는 방법은 인풋 공부입니다. 단 한 줄이라도 좋으니 내용을 보지 말고 핵심을 요약해 보세요. 이 방법은 특히 한 지문을 다 읽고 글의 구조를 파악할 때 유용한 방법입니다. 글의 구조와 주제문을 염두에 두고 보세요.

영포자의 공부

"요약해 보라고 했지? 음, 이 지문은……? 아 까먹었는데? 다시 봐야지. (대충 읽는 습관이 있어 요약이 쉽지 않다.) 이 문장을 요약하면 '기본적인 요소가 변하지 않거나……' (첫 번째 문장부터 그저 읽는다. 요약이 아닌 해석에 가깝다. 이런 식으로 모든 문장을 본다.) 아 힘들다. 요약하기도 쉽지 않네. 다시 요약해 보면? 음, 기본 요소? 아무튼 기본 요소에 관한 지문인 것 같아. (핵심 단어기는 하나 요약문은 아니다.) 기본요소가…… 많다? 적다인가? 다시 보자. (다시 본문을 본다. 이쯤 되면 그저 다시 눈으로 복습하는 것일 뿐이다.) 아무튼 이러저러한 내용이다! (거의 모든 문장을 해석한다.) 근데 요약하는 게 무슨 소용이람? 그냥 다시 복습하는 거잖아? 그냥 다시 눈으로 여러 번 복습하는 편이 시간이 절약되는 것 같아. 그래 뭐든지 내 스타일의 공부법이 최고야. 자주 읽으면 언젠간 이해되겠지 뭐. 역시 내가 편한 공부법이 최고야. (영포자는 결국 핵심 문장에 주목하지 않는다.)"

공신의 공부

"(지문을 읽을 때부터 주제문에 표시하거나 주목하며 읽는다. 공신은 지문을 읽을 때 의식적으로 전반적인 흐름을 파악하며 읽는 습관이 있다.) 이제 다 읽었으니 내용을 보지 않고 요약해 보자. 일단 핵심 단어는 '기본 요소'였어. (먼저 핵심 단어를 생각한다.) 기본 요소가 어떻게 된다고 했었지? (스스로 질문을 한다.) '규모가 커져도 기본 요소는 변하지 않는다'라는 내용이었어. 그리고 글의 구조는 어땠지? 예시를 두 가지 정도 제시했었어. 하나는 고층 건물이었고 하나는 유기체였던 것 같아. 유기체 부분은 단어가 어려워서 잘 이해하지 못했지만 (공신이라고 다 이해하는 것은 아니다.) 요약할 수 있겠다. 규모가 커져도 기본 요소는 그대로다! 요약이 끝났으니 지문을 보며 확인해 볼까? (전체 문장보다는 핵심 문장을 확인한다.)"

영포자도 만만한 공부법
: 내용 보지 않고 요약하기

💡 지문을 읽을 때 핵심 소재와 주제문에 표시하며 읽는다.

🖉 지문을 처음 읽을 때부터 신경 쓰자. 대충 읽는 습관은 버리고 소재와 주제문에 주목하자. 처음에는 어렵겠지만 계속 연습하면 주제문을 파악할 수 있게 된다.

💡 한 지문을 읽고 나서 내용을 보지 않고 핵심 소재를 떠올려 본다.

🖉 쉽게 말해 글의 주인공을 떠올려 본다. 이때 예시로 쓰인 세세한 부분에 집중하지는 말자. 만약 모르는 단어가 너무 많아 이 과정이 힘들다면 단어를 먼저 공부한 후 다시 지문을 해석해 보고 나서 이 과정을 시작하자.

- 주제문을 한 문장으로 만들어 보자.
- 틀려도 좋다. 복잡하게 수식된 부분은 버리고 어떤 동사로 끝냈는지를 생각해 보자. 이 글에서 소재는 어떻게 되었을까? 무엇을 했을까? 많아지거나 적어졌을까? 좋아졌을까 안 좋아졌을까? 어려운 단어를 떠올리기보다는 쉬운 한국어로 생각하자.
- 요약을 끝냈다면 다시 지문으로 돌아가 주제문과 비교한다.
- 주제문을 확실하게 파악하지 못하는 친구들은 해설지를 참고하자. 많은 문제집이 지문에 주제문을 표시하거나 요약을 적어 놓는다. 해설지에 없다면 선생님 혹은 공신 친구 찬스를 이용하자.

아웃풋 공부법 ⑤
가르쳐 보기

공부를 한 뒤 선생님이 되었다고 생각하고 가르쳐 보세요. 대상은 친구, 동생, 인형, 벽 등 누구라도 가능합니다. 또는 선생님 성대모사를 하면서 재미있게 강의해 보세요. 이때는 내용을 보면서 해도 괜찮습니다. 다만 적혀 있는 그대로가 아닌, 나만의 언어로 바꿔서 강의해 보세요.

영포자의 공부

"가르치기는 좀 쑥스러운데 그래도 해 보자. (책상 앞에 있는 인형에게 말을 건다.) 자, 내가 가르쳐 줄게. 교재를 보면 1. 목적어와 목적격 보어가 능동 관계. 다음 문장에 쓰인…… (무미건조하게 교재의 내용을 그대로 읽는다.) 인형아 알겠니? (그리고 다음 줄을 다시 큰 소리로 읽는다. 가르친다 기보다 큰 소리로 읽기에 가깝다. 한 페이지의 모든 부분을 같은 비중과 속도로 읽는다. 인형은 잊은 지 오래다.) 아, 뭐야. 목만 아프네. 목 아프니까 그냥 눈으로 여러 번 읽어야지. (영포자는 가르친 경험이 적어 이 방식 자체가 낯설고 어렵다.) 목도 아프고 힘드니 물 마셔야겠다. 인형아 수업 잘 들었지? 오늘은 수업 끝!"

공신의 공부

"인형아 안녕? 오늘은 사역동사에 대해 배울 거야. (가장 먼저 강의의 핵심 주제를 설명한다.) 여기 두 개의 소제목이 보이니? 목적어와 목적격 보어의 관계는 능동과 수동으로 나눌 수 있어. (교재의 큰 흐름부터 잡고 시작한다.) 먼저 능동 관계에 쓰인 단어들부터 살펴볼까? 이러저러한 단어들이 있네? 이 단어들의 특징은 무엇일까? 이러저러하지 않을까? (인형에게 최대한 친절하게 설명한다. 그대로 따라 읽지 않고 자신만의 언어로 바꿔 말한다.) 알겠니? 제일 헷갈릴 만한 부분은 여기야. (공신이 가장 헷갈리는 부분이기에 주목한다.) 이 부분은 헷갈릴 수 있으니 한번 더 설명해 줄게. 또 이 부분은 학교 선생님도 상세히 설명해 주셨으니까 중요한 부분이야. 나도 상세히 설명해 줄게. 예문을 보면…… (공신의 가르침은 학교 선생님의 수업 흐름과 비슷하다. 중요한 부분은 상세히, 아닌 부분은 짧게. 강약 조절이 핵심이다.) 자, 이해됐어? 그럼 시험에 무엇이 나올지 예측해 볼까? (선생님이 된 것처럼 시험 문제까지 생각해 본다.) 마무리하기 전에 요약해 보자. 오늘은 이러저러한 부분이 핵심이었지? (수업을 마치기 전에 다시 한번 인형에게 핵심을 말해 준다.) 수업 끝!"

영포자도 만만한 공부법
: 가르쳐 보기

💡 가르칠 내용의 주제를 먼저 설명한다.

✏️ 주제를 떠올리기 힘들다면 교재의 소제목을 참고하자.

💡 그냥 무작정 읽지 말고 먼저 내용을 이해한 뒤 나의 언어로 바꾼다.

✏️ 이 과정이 힘들다면 학교 선생님의 수업을 떠올려 봐도 좋다. 학교 선생님을 성대모사 해서 재미있게 즐겨 보자.

💡 핵심 내용을 더 상세히 가르쳐 주자.

✏️ 두세 번 반복해서 가르쳐도 좋다. 핵심 내용은 학교 수업을 잘 들었다면 책에 표시되어 있을 것이다. (아니라면 반성하자.)

💡 헷갈릴 만한 부분을 자세히 설명한다.

✏️ 헷갈리는 이유와 헷갈리지 않을 방법을 고민한다.

💡 선생님의 마음으로 시험 문제도 내 보자.

✏️ 핵심 내용에서 출제해 보자. 출제가 어렵다면 예측이라도
해 본다.

💡 수업을 마치기 전 오늘의 주제를 다시 한번 설명해 주자.

아웃풋 공부법 ⑥
기존 지식과 연결하기

공부할 때 원래 알고 있는 지식과 연결해서 생각해 봅시다. 예를 들어, 지문의 내용이 효과적인 학습법이라면 평소에 효과적이었던 나만의 방법과 견주어 보면서 읽는 거예요. 기존 지식과의 공통점, 차이점, 새롭게 깨달은 점들이 분명 있을 겁니다. 딱딱한 교재가 말랑한 나의 이야기로 변하는 것을 느낄 수 있어요.

영포자의 공부

"기존 지식과 연결하기? 흠, 기존 지식이 없는데……. (시작부터 자신감이 떨어진다.) 'annoying'? 이 단어는 처음 보는데? ('annoyed' 는 본 적이 있다.) 이 문장도 처음 보고 이 문제도 처음 푸는 건데……. (완전히 똑같지는 않지만 비슷한 문장 구조는 공부한 적이 있다. 영포자는 예전에 배운 지식과 완전히 같아야만 연결할 수 있다고 생각하는 경향이 있다.) 해석이나 해 보자. 효과적인 학습법에 관한 내용이네. 문제나 얼른 풀고 진도를 빨리 빼야지. 아, 맞다. 기존 지식과 연결해 보라고 했지? 근데 아는 것이 없으니 기존 지식과 연결하기도 쉽지 않네. 나중에 공신 되면 그때 해야지. 지금은 그냥 반복해서 읽자. (단순히 반복해서 읽기만 한다. 효과가 가장 떨어지는 방법이나, 하기 쉬워 계속 반복해서 읽는다.) 다 읽었으니 다음 문제 풀자. 그래야 숙제를 빨리 끝내니까! (지문의 내용은 잊어버린다. 영포자는 숙제를 빨리 끝내야 한다는 마음으로 성급하게 공부한다.)"

공신의 공부

"이 문장을 읽어 보니 'annoying'이라는 단어를 사용했네? 'annoying'이라는 단어는 처음 보지만 'annoyed'는 본 적이 있어. 앞부분이 비슷하니까 비슷한 느낌의 단어가 아닐까? 근데 왜 끝부분은 다르게 생겼지? (고민해 본다.) 아 그때 선생님께서 감정을 유발하면 현재분사 형태, 감정을 느끼면 과거분사의 형태를 가진다고 했었어. 그래서 끝부분이 다르구나. 엇, 그러면 내가 알고 있는 'interested'랑 'interesting'도 마찬가지겠네. (사전 지식과 새로운 지식을 연결하여 이해한다.) 계속 더 읽어 볼까? 지금 읽고 있는 이 부분은 효과적인 학습법에 관한 내용이네. 생각해 보면 나는 이런 학습을 했을 때 더 효과가 좋았던 것 같아. (단어나 문장을 넘어 지문을 이해하고 그 지문의 내용을 실제 상황과 연결시킨다.) 역시 내 생활이랑 연결해 생각하니 더 유익했어. 공부가 조금 더 재밌네. (공신은 지문의 내용을 자신의 배경지식으로 만든다. 이렇게 배경지식을 확장해 나가며 기존 지식이 더욱 풍부해져 공부의 선순환을 그린다.)"

영포자도 만만한 공부법
: 기존 지식과 연결하기

- 💡 내가 알고 있는 단어와 비슷한 단어가 있는지 살펴본다.
- ✏️ 완전히 똑같지 않아도 된다. 앞부분, 뒷부분을 잘 살펴보자. 어원으로 단어를 공부한 적이 있다면 이 과정이 좀 더 쉬워진다.
- 💡 비슷한 문장 구조를 배운 적 있는지 살펴본다.
- ✏️ 선생님이 강의에서 중요하다고 한 문장만 살펴봐도 좋다. 특히 문법적으로 중요한 문장 구조는 반복적으로 나온다. 예를 들어 사역동사가 쓰인 문장이라면 이전에 학습했던

사역동사 관련 내용을 떠올려 보자. 떠올리기 어렵다면 문법책의 사역동사 부분을 살펴봐도 좋다. 단어는 다르게 쓰여도 구조가 비슷함을 이해해 보자. 시간이 조금 더 걸려도 완전히 내 것으로 만드는 좋은 방법이다.

💡 지문의 내용을 내 생활과 연결해 본다.

✏️ 단어, 해석만 공부하고 그냥 넘어가지 말고 내용을 1분만이라도 곱씹어 내 생활 속에서의 예시를 찾아보자. 잠깐의 고민이 나의 든든한 배경지식이 된다.

💡 기존 지식과의 공통점, 차이점을 생각해 본다.

✏️ 공통점보다 차이점에 더 주목하자. 무엇이, 어떻게, 왜 다른지 살펴봐야 한다.

💡 새롭게 깨달은 점이 있는지 생각해 본다.

✏️ 새롭게 깨달은 것은 나의 새로운 지식이 된다. 성급하게 넘어가지 말고 1분 정도 생각해 보자. 딱딱한 교재가 나만의 말랑한 언어로 바뀌고, 공부가 조금 더 재밌어질 것이다.

아웃풋 공부법 ⑦
추론하기

학습 내용을 읽어 내려가면서 앞으로 어떤 결론이 나올지 예측하고 추론해 보세요. 명탐정 코난이 된 자신을 발견할 수 있답니다. 물론 추론한 내용과 실제 결론이 맞는지도 확인해 봐야 합니다.

영포자의 공부

"추론? 내가 명탐정 코난은 많이 봤지! 자, 도전해 볼까? (지문을 읽어 본다.) 아 어려운데? 무엇을 추론하라는 거지? 다시 보자. 첫 번째 문장! 대다수 사람이 부정적인 감정에만 집중하는 경향이 있다고 나오네. 그럼 결론은? 대다수가 부정적인 경험을 떠올린다!
(추론이 아니라 그대로 다시 읽는 것에 가깝다.) 그러나 성공하는 사람들은 긍
정적인 경험을 떠올리는 경향이 있다. 음 그렇군. 그럼 추론! 성공
하는 사람들은 긍정적인 경험을 떠올린다. 그렇구나. 다음 문장.
예를 들어…… 1등 운동선수는 자기 전에 감사 일기를 썼네. 감사
일기를 왜 썼지? 뭔가 감사할 일이 있었나 보다. (나름대로 추론은 하나
주제문과 연결하지 못한다.) 아무튼 이런 내용이네. 근데 '추론'은 살인범
이 나오는 소설에서나 하는 거 아닌가? 이 모의고사랑은 전혀 관
련 없는 것 같은데…… 그냥 내 방식대로 공부해야겠다. 반복 읽
기가 최고지! 반!복! 반!복!"

공신의 공부

"첫 번째 문장에서 대다수 사람이 부정적인 경험을 떠올린다
고 하네. 그럼 소수의 사람은 반대이지 않을까? 긍정적인 경험을
떠올리려나? (문장을 읽고 반대의 단어나 문장으로 추론해 본다.) 그 뒤를 보자.
그러나 성공하는 사람들은 긍정적인 경험을 떠올린다. 아하, 역시
'그러나' 뒤에는 앞 문장이랑 반대의 문장이 나오는구나. 소수의
성공하는 사람들은 긍정적인 경험을 떠올린다는 문장이 주제문
이네. 이 부분을 유심히 봐야겠다. 그다음 'for example'이 나오

니 예시가 나오겠네. 그럼 이 예시는 분명 주제문과 관련되어 있을 거야. 하나씩 연결해서 살펴봐야지. (공신은 성급하게 빨리 읽지 않고 항상 생각하며 읽는다. 처음에는 시간이 걸리는 것 같아도 답 고민이 줄어들어 결과적으로는 시간 단축에 도움이 된다.) 예시를 보니 1등 운동선수가 나오네. 이 사람이 성공하는 사람이겠지. 감사 일기? 감사 일기는 긍정적 경험 떠올리기와 연결할 수 있겠네. 이렇게 읽으니 이해가 잘되네."

영포자도 만만한 공부법
: 추론하기

💡 글을 읽으면서 앞으로의 글의 전개를 예측해 본다.

✏️ 앞으로 어떤 내용이 나올지 충분히 생각하고 고민해 보자. 어려우면 스스로에게 질문해 보자. '다음에는 어떤 내용이 와야 할까?', '왜 이런 문장으로 시작했을까?', '반대의 내용도 나올까?', '결론은 어떻게 될까?' 틀려도 자신 있게 해 보자. 질문하고 확인하는 연습을 통해 독해력을 향상시킬 수 있다.

💡 주제문이 나올 경우 그 주제문을 항상 염두에 두고 글을 읽는다.

✏️ 글에 쓰인 예시나 부연 설명을 주제문과 연결시킨다.

- 주제문이 나오지 않을 경우 각 문장으로 주제문을 추론한다.

- 주제문이 명확히 나오지 않고 스스로 주제문을 만들어야 하는 경우도 있다. 이 경우 가장 자주 등장하는 글의 주인공을 찾고 그 소재가 어떠했는지를 생각하자.

- 실험이나 연구에 대한 글인 경우 읽어 내려가면서 결론을 추론해 본다.

- '실험이나 연구의 목적은 무엇일까?', '교훈은 무엇일까?', '결론은 어떻게 되고 그 결론과 시험 문제를 어떻게 연관 지을 수 있을까?' 등 스스로에게 질문을 던져 보자.

- 추론은 특히 실험이나 연구를 다룬 지문에서 빛을 발한다. 주제 추론과 연구 결과 문장의 위치를 찾는 연습을 해 보자. 시간이 부족할 때 빠르게 정답을 찾을 수 있다.

- 추론할 때는 내가 생각한 근거가 실제 결론과 부합하는지 꼭 확인한다.

아웃풋 공부법 ⑧
정답인 이유 설명하기

문제를 푼 후 해야 할 일입니다. 정답을 확인한 후 해설지를 보기 전에 스스로 정답의 이유를 설명해 보세요. 틀려도 좋으니 꼭 먼저 설명해 본 후 해설지와 비교해야 합니다.

영포자의 공부

"이 문제 틀렸네. 정답이 뭐지? 3번이네? 해설지를 봐야겠다.

(다시 풀기보다 재빨리 해설지를 확인해 최대한 빨리 정답과 틀린 이유를 알고자 한다.)

음 이러저러해서 3번이 답이구나. 외워야지. 아 설명해 보라고 했지? 이러저러해서 정답은 3번이다. (충분한 고민 없이 해설지 내용 그대로 설명한다.) 그다음 문제도 틀렸네…… 왜지? (잠시 고민하다 다시 해설지에 눈이 간다.) 이러저러해서 B-C-A 순서라고 나와 있네. 그렇구나. 자! 다음 문제! (영포자는 푼 문제는 많으나 정답률은 낮다.)"

공신의 공부

"문제를 틀렸네. 왜일까? (답지를 보기 전에 충분히 고민한다.) 나는 2번이라고 생각했는데. 내가 어느 부분을 보고 그렇게 생각했을까? (답을 고른 이유를 먼저 생각한다.) 이 내용에 이 단어가 나와서 이렇게 생각했는데 사실 이 단어보다 동사가 더 중요하지 않았을까? 다시 풀어 보자. (공신은 틀린 문제를 다시 풀어 본다.) 정답은 3번 아닐까? 맞춰 보자. (답만 먼저 확인한다.) 그래, 3번이 맞네. 그런데 풀이 과정이 더 중요하니까 답이 3번인 이유를 객관적인 근거를 들어 설명해 보자. 지문 속에서 그 근거를 찾아야지. 이러저러한 부분을 보니 3번이 아닐까? (충분히 생각한 공신은 그제야 해설지를 본다.) 음 해설지를 보니 내가 주목한 부분이 답의 근거가 되네. 엇, 그런데 내가 주목하지 않은 다른 부분도 근거가 된다고 쓰여 있네. 왜 나는 그 부분을 못 봤을까? 아, 이 부분은 수동태를 능동태처럼 해석해서 잘못이해했구나. 이 부분을 보면 이러저러하니까 답이 3번이 맞네. (답이 되는 이유를 최대한 상세히 설명해 본다.) 아까 2번이 오답인 이유는 이러 저러해서야. (답이 아닌 이유도 설명해 본다.) 이 문제는 굉장히 좋은 문제 네. 별표 치고 다음에 다시 풀어 봐야겠다. 내가 했던 실수도 한쪽 에 살짝 적어 놓자. (공신은 문제 옆에 '수동태 문장을 제대로 해석하자'라고 적어 놓았다.)"

영포자도 만만한 공부법
: 정답인 이유 설명하기

- 🔆 문제를 풀고 자신의 답과 이유를 설명해 본다.
- 🖉 최대한 구체적으로 설명해야 한다. '이 단어, 이 문장 때문 에 답으로 생각했다', '이 부분이 주제문인 듯해서 답으로 생각했다' 등 최대한 지문 속에서 생각한다. 설명할 때는 '그냥'이라는 말은 마음속에서 지우고 정확한 근거를 들어 야 한다. 답을 고른 이유를 명확히 분석하면 나의 실수와 실력을 정확히 알게 된다. 찍은 문제라 할지라도 5개 중 그 답을 고른 이유가 분명히 있으니 잘 살펴본다.
- 🔆 틀린 문제는 다시 풀고 정답을 맞춰 본다.
- 🖉 정답의 근거를 다시 한번 생각해 본다. 이때 근거는 반드시 지문 속에 있어야 한다. 머릿속으로만 생각하지 말고 지문

을 다시 찬찬히 살펴본 뒤 말로 설명한다.

✎ 해설지의 설명을 보고 자신의 설명과 비슷한지 비교한다.
다르다면 어떤 부분이 왜 다른지 확인한다.

✎ 틀린 문제는 별표 치고 다음에 다시 풀어 본다. 설명하면서
깨달은 점을 같이 적는 것도 좋다.

아웃풋 공부법 따라 해 보기

1 내용을 보지 않고 이 장의 핵심 내용을 요약해 보세요.

2 핵심 내용과 내 기존 지식을 연결해서 공통점, 차이점, 깨달은 점을 적어 보세요.

3 인풋 공부법과 아웃풋 공부법의 가장 큰 차이는 무엇인지 적어 보세요.

4 앞으로 이 책에서 아웃풋 공부법과 영어 시험 공부법을 어떻게 연관 지어 설명할지 예측해 보세요.

5 이 장의 내용을 직접 가르쳐 보고 소감을 적어 보세요.
  · 가르친 대상:
  · 소감:

6 영어 말고 다른 과목에도 아웃풋 공부법을 적용해 보세요.

똑똑하게 공부하자!
메타인지 학습법

영단어 공부를 열심히 한 친구 A의 쪽지 시험 날. 평소보다 열심히 공부했으니 이번만큼은 잘 볼 자신이 있다며 시험지를 받아 듭니다. 그런데 막상 시험 문제를 보니 모르는 단어가 생각보다 많아요. 채점해 보니 67점이 나오네요. 시험 전에는 100점 맞을 거라 자신했는데······.

A는 평소보다 열심히 공부했으니 공부 시간이 부족하지는 않았을 거예요. 그렇다면 A가 생각보다 낮은 점수를 받은 이유는 무엇일까요? 추측건대, 부족한 부분에 집중해 공부하지 않고 '과잉 학습'이라는 함정에 빠졌을 확률이 높습니다. 과잉 학습이란 이미 잘 알고 있어 더 이상 학습할 필요가 없는 부분을 학습하는

것을 말합니다. 한마디로 시간 낭비인 거지요.

과잉 학습의 원인은 두 가지가 있습니다. 첫 번째는 메타인지 metacognition의 부족이에요. 메타인지 능력은 자신이 무엇을 아는지를 아는 능력입니다. 의사 선생님이 우리의 상태를 정확히 진단해야 올바른 약을 주고 병도 낫는 것처럼 공부도 마찬가지입니다. 메타인지 능력이 좋은 상위권 학생들은 예측한 점수와 실제 점수의 차이가 크지 않은 반면, 성적이 낮은 친구들일수록 메타인지가 떨어집니다. 어떤 공부가 가장 부족한지, 어떻게 보완해야 하는지 잘 판단하지 못합니다. 이를 정확히 판단해야 그 부분을 메꾸고 공부 효과도 크겠지요.

인지신경과학자 윤은영의《뇌를 변화시키는 학습법》에 따르면 기억을 꺼내는 공부가 아닌 반복 공부를 한 경우 자신의 기억을 과신하는 경향이 있다고 합니다. 메타인지를 높이기 위해서는 아웃풋 공부가 필수입니다. 안다는 착각에서 벗어나야 합니다. 정말로 아는지 반드시 스스로 테스트해 봐야 합니다. 계속해서 본인을 객관적으로 판단해야 메타인지도 올라갑니다.

두 번째 원인은 단순 반복 위주의 인풋 공부를 하기 때문입니다. 인풋 공부는 효과적인 공부법이 아닙니다. 하지만 중하위권 학생들은 심리적으로 쉽게 느껴지는 인풋 공부의 유혹에 자주 넘어갑니다. 사실 공부는 조금 힘들게 해야 기억에 남아요. 그대로 따라 쓰고 알록달록 형광펜으로 밑줄 치는 공부는 아웃풋 공부보다 쉽고 재밌습니다. 공부한다는 느낌도 더 크게 들지요. 심지어 아웃풋 공부보다 공부 시간도 덜 걸려요. 그러나 기억의 관점에서 보면 완전히 잘못된 공부 방법입니다. 공부하는 순간에는 기억에 남지만, 일주일 후 테스트해 보면 전혀 기억에 남아 있지 않아요. 공부는 수월하게 하는데 점수는 높지 않다면 제대로 된 공부가 아닐 가능성이 큽니다.

어떤 학생들은 이렇게 말하기도 합니다. "아웃풋 공부는 더 힘드니까 쉬운 인풋 공부법으로 시작할래요." 학생들의 마음도 이해합니다. 어려운 공부를 바로 시작하려면 마음속 저항이 더 생기겠지요. 그럼 초반 10분에서 20분 정도는 쉬운 공부로 시작해 보세요. 1장에서 설명한 '작동 흥분 이론'을 발동시키기 위한 디딤돌로 쓰는 거예요. 쉬운 공부는 '시작을 위한 공부'라는 점을 꼭 기억하세요. 정해 둔 시간이 지나면 효과 만점인 아웃풋 공부를 해 봅시다.

영단어 10개를 쪽지 시험 본다고 가정해 볼게요. 먼저 뜻을 가리고 몇 개를 모르는지 확인해 보세요. 이런 사전 테스트가 메타인지를 활용한 학습입니다. 5개는 완전히 모르고, 3개는 확실하지는 않으나 어디서 한번은 본 단어고, 2개는 완전히 아는 단어네요. 그렇다면 10개의 단어에 모두 같은 비중의 시간과 노력을 들여서 공부할 필요가 없습니다. 그런데 많은 중하위권 학생들이 모든 단어를 같은 비중으로 공부합니다. 이미 알고 있는 단어를 공부할 시간에 어려운 단어를 봐야 하는데 말이에요. 아는 단어를 공부하는 것은 과잉 학습입니다. 모르는 5개의 단어에 집중해서 아웃풋 공부를 해야 합니다. 뜻을 가리고 맞출 때까지 스스로 테스트하며 메타인지를 활용하는 아웃풋 공부 말입니다.

학생들의 정리 노트를 잘 살펴보면 '나만의 노트'라는 느낌을 받지 못할 때가 많습니다. 나만의 노트는 단순히 내 손으로 쓴 노트가 아니라 내가 잘 모르는 부분을 집중적으로 정리한 노트를 말합니다. 단어 노트로 예를 들자면, 누가 그 노트를 봤을 때 금방 외운 단어와 그렇지 않은 단어가 무엇인지 확 눈에 들어와야 합니다. 이미 알고 있는 단어는 쓸 필요도 없고, 금방 외운 단어는 한두 번만 적혀 있어야 하고, 잘 외워지지 않는 단어는 별표 등으로 표시되어 있어야 해요.

내가 무엇을 알고 무엇을 모르는지 지속적으로 테스트해서 메타인지를 높여 보세요. 상대적으로 쉬운 인풋 공부에 빠지지 않고 어렵지만 효과 좋은 아웃풋 공부에 익숙해진다면 분명히 시험에서 더욱 좋은 점수를 받을 수 있을 거예요.

'아는 것'과 '안다고 착각하는 것'을 구분하는 체크리스트

구분	체크 사항	YES	NO
단어	이 단어의 뜻을 바로 말할 수 있다.		
	이 단어의 다른 뜻도 알고 있다.		
	이 단어의 스펠링을 알고 있다.		
	이 단어를 제대로 발음할 수 있다.		
독해	핵심 동사를 정확하게 파악하고 있다.		
	수식 구조를 괄호로 묶을 수 있다.		
	이 문장의 핵심 단어를 말할 수 있다.		
듣기	안 들렸던 부분은 다시 한번 들으면 정확히 알 수 있다.		
	지문에 모르는 단어가 없다.		
문법	나는 이 문법의 개념을 알고 있다.		
	알고 있는 개념을 설명할 수 있다.		
	적절한 예문을 들 수 있다.		

chapter
3

영어 성적 올리는
꿀팁

영어 실력 쌓기의 시작은 단어 공부다

① 단어 수준 체크법

영어 시험의 성패는 단어에서 결정됩니다. 많이 알면 이깁니다. 모의고사도, 내신도 마찬가지예요. 학생들이 문제를 틀리는 가장 큰 이유가 선택지나 주제문의 단어를 몰라서입니다. 시험 중 가장 곤혹스러울 때가 언제인가요? 아마 모르는 단어가 많이 나왔을 때일 거예요. 문제는 '어떻게 단어를 공부하는가'예요. 무턱대고 아무거나 외우면 효과가 떨어집니다. 앞에서도 말했지만, 먼저 나를 분석해야 합니다. 나의 단어 수준을 먼저 알아봅시다.

중3이나 고1 학생인 경우, 고1 6월이나 9월 평가원 모의고사 문제를 준비하세요. 앞쪽 문제는 쉬운 편이니, 33번에서 38번 문제로 단어 실력을 측정해 봅시다. 이때 먼저 풀지 말고 일단 눈으로 쭉 훑어 보세요. 모르거나 헷갈리는 단어들을 형광펜으로 표시해 지문당 모르는 단어가 평균 몇 개 정도 나오는지 세어 봅니다. 한 지문에 모르는 단어가 10개 이상이면 중3 단어부터 학습해야 합니다. 그 이하라면 고1 수준 또는 실력에 따라 좀 더 어려운 수준의 단어장으로 학습해도 괜찮습니다.

고등학생이 중학교 수준의 단어장을 본다고 창피해할 필요가 없습니다. 고등학생이 중학교 단어장을 보는 게 뭐 어떤가요? 차근차근 하나씩 실력을 올리면 되는 거예요. 중학교 단어장도 초급, 중급, 고급으로 나눌 수 있어요. 'become'이나 'get' 같은 기초 단어를 모른다면 중학 초·중급의 단어장을 선택하세요. 'absence', 'certain', 'pretend' 정도의 단어를 모른다면 중3 단어장을 봐야 합니다. 제 경험으로는 4등급에서 6등급인 고1 학생들은 중3 단어장이 필요한 경우가 많았어요. 상황이 모두 다르니 반드시 스스로 수준을 확인하고 단어장을 선택하세요.

고2나 고3 학생이라면 학년에 맞는 모의고사로 테스트해 보세요. 한 지문에 모르는 단어가 15개 이상이라면 차례로 내려가 고1, 고2 모의고사도 같은 방식으로 테스트해 봅니다. 이런 식으로 자신의 정확한 실력을 파악한 뒤 단어를 학습하는 편이 좋습니다.

단어장을 고를 때는 앞부분만 보고 쉬운 단어장이라는 착각에 빠지지 않도록 주의해야 합니다. 앞부분은 쉬워도 뒤로 갈수록 어려워지니 꼭 뒷부분까지 꼼꼼히 살펴보세요. 고2, 고3 모의고사에서 지문당 모르는 단어가 10개 정도라면 단어장보다 모의고사 지문을 활용해서 단어를 암기하는 방식도 좋습니다.

단어장 앞표지나 뒤표지를 보면 중학, 고등, 초급, 중급, 실력 등 난이도를 확인할 수 있으니 본인 수준에 맞는 다양한 교재를 살펴보세요. QR코드나 MP3 파일로 단어의 발음과 예문을 들을 수 있고 테스트가 있는 교재를 고르면 학습에 더욱 유용합니다. 참고로, 중3 수준이라면 NE능률에서 나온《주니어 능률 VOCA-실력》교재를 추천합니다. 고등 수준의 단어장은 한 출판사에서 나오는 커리큘럼을 그대로 따라가는 것을 추천합니다.

② 단어 외우는 법

단어를 외울 때 반복적으로 단어를 보거나 쓰는 인풋 공부법은 효과가 떨어집니다. 물론 처음 공부할 때는 한 번씩 써 보거나 소리 내 읽어야겠지요. 그러나 중요한 것은 그다음입니다. '기억을 떠올리는' 아웃풋 공부를 해야 합니다. 뜻 부분을 가리고 단어만 보고 뜻을 떠올려 보세요. 그렇게 공부가 한 번 끝나면 바로 테스트를 해서 외우지 못한 단어는 표시해 둡니다. 그리고 다음 날에도 테스트해 보세요. 이때, 복습하지 말고 바로 테스트해서 외우지 못한 단어는 다른 색 볼펜으로 체크합니다. 그다음부터는 표시되어 있는 단어만 수시로 테스트합니다. 체크 표시가 없어질 때까지요.

반복적으로 테스트하는 것이 중요합니다. 쉬운 방법은 아니지만, 훨씬 더 효율적인 방법이니 꼭 기억하세요. 하루에 30개 이상의 새로운 단어를 암기하고 복습 단어는 테스트 방식으로 60개 이상 떠올려 보기를 추천합니다. 처음에는 어려울 수 있어요. 하지만 시간이 지나면 암기 능력이 좋아져 그 이상의 암기도 가능해지니 걱정하지 않아도 됩니다.

최강 단어 학습법
· 내 수준에 맞는 단어장을 고른다.
· 매일 외울 단어 개수를 정한다.
· 처음 공부할 때는 쓰거나 발음해 보면서 공부한다.
· MP3 파일이나 QR코드로 발음을 들어 본다. 절대 눈으로만 공부하지 않는다.
· 손으로 뜻 부분을 가리고 스스로 테스트해 본다.
· 1일 전, 3일 전, 일주일 전 학습한 단어도 테스트해 본다.

해석력,
이렇게 기르자

영어도 한국어처럼 쭉쭉 읽히면 얼마나 좋을까요? 머릿속에서 영어 독해가 안 되는 이유는 다양하지만 일단 앞에서 언급했던 어휘력 부족이 가장 큰 이유입니다. 그리고 영어의 구조와 문법에 대한 이해가 부족한 것도 하나의 원인이지요.

중하위권 학생들은 해석력을 어떻게 길러야 할까요? 우선 우리말과 다른 영어의 어순을 이해해야 합니다. '영어는 동사가 먼저 나온다'라는 단순한 개념을 넘어 한 문장을 읽을 때 주어, 동사, 목적어 등 문장 성분을 한눈에 파악해야 합니다. 정확하게 해석해야 정확한 답을 고를 수 있고, 문장 읽는 속도도 빨라집니다. 그러려면 문법에 기반한 구문 학습을 해야 합니다.

구문이란 문장 속 규칙을 말합니다. 수많은 문법 규칙 속에서 특히 자주 쓰이고 뭉치는 덩어리 형태의 규칙들이 구문이에요. 예를 들어, 영어에서는 주어가 긴 것을 싫어해서 'It'이라는 가주어(문장 구조를 갖추기 위해 넣는 형식적 주어)를 앞에 두고 진주어(진짜 주어 기능을 하는 주어)는 뒤로 빠집니다. 구문에 문법이 들어가 있지요. 시중에 구문을 따로 정리한 많은 교재가 있습니다. 구문 학습을 먼저 하면 훨씬 더 효율적으로 공부할 수 있으니 구문 교재로 시작한 후에 문제 풀이 교재로 넘어가세요. 구문 교재는 쎄듀의 《천일문》 시리즈를 추천합니다.

구문 공부로 영어의 구조를 이해했다면, 이제는 독해 문제집으로 해석력을 길러야 합니다. 일단 문제를 먼저 풀고 답을 맞춰 본 뒤 틀린 문제를 다시 한번 풀어 보세요. 그다음부터 중요합니다. 이제 한 문장씩 먼저 해석해 보세요. 모르는 단어가 있어도 괜찮습니다. 그리고 해석한 문장을 해설지와 하나씩 맞추어 봅시다. 여기서 포인트는 대충 뜻이 맞는다고 넘어가지 말고 정확하게 대조해야 한다는 것입니다. 그러면 총 세 가지를 확인할 수 있습니다. 몰랐던 단어, 단어는 알지만 뜻이 다른 덩어리 단어, 내 해석과 다른 구조. 이 세 가지를 각각 다르게 표시해 두면 복습할 때 훨씬 편리합니다.

if we make up our mind what we are going to make of
our lives, then work hard toward that goal, we never lose.
Somehow we win out.

-로널드 레이건Ronald Reagan

영포자의 해석

만약 우리가 마음을 만든다면/우리가 만들려고 하는/인생의/그
목표를 향해 매진한다./우리는 절대 지지 않는다./somehow?
우리는 밖에서 이긴다.

해설지 해석

만약 우리가 결심한다면/ 인생에서 이루고자 하는 바에 대해/그
리고 그 목표를 향해 매진하면/우리는 절대 지지 않는다. /어떻
게든 성공한다.

· **make up one's mind: 결심하다**
· **win out: 성공하다, ~을 성공해 내다**
· **somehow: 어떻게든**

다음 예시를 보면, 몰랐던 단어(somehow)와 단어는 알지만 뜻
이 달랐던 덩어리들(make up our mind, win out), 내 해석과 다른 구
조(then work) 이렇게 세 부분을 각기 다르게 표시했습니다. 복습
할 때는 모르는 단어를 먼저 빠르게 점검합니다. 이때도 아웃풋

공부를 명심하세요. 먼저 기억을 떠올리고 뜻을 맞춰 봅니다. 덩어리 표현들도 마찬가지로 복습해야 합니다. 구조의 경우 표시 부분뿐만 아니라 전체 문장을 다시 보면서 주어인지, 동사인지 문장 성분을 분석해 보세요. 이번에는 조금 더 어려운 문장으로 연습해 보겠습니다.

해설지와 달랐던 부분을 하나씩 살펴볼까요? 영포자가 헷갈리고 몰랐던 단어는 'prey'와 'haul'이었어요. 아마 '기도하다'라는 뜻의 'pray'와 먹잇감이라는 뜻의 'prey'를 혼동한 듯해요. 헷

Once the easily overtaken and killed prey had been hauled aboard, getting its body back to the tribal camp would have been far easier by boat than on land.

[2019년 수능 홀수형 30번]

영포자의 해석

한 번/쉽게 잡히고 죽였다 기도를/haul 하였다 배 위로/몸을 가지는 것은/부족의 캠프는/멀리 쉽게 있었다/육지에서보다 배에서

해설지 해석

일단 쉽게 따라잡아 도살한 먹잇감이/배 위로 끌어당겨지면/사체를 부족이 머무는 곳에 가지고 가는 것은/훨씬 더 쉬웠을 것이다/육지에서보다 배로

갈리는 단어는 옆에 필기해서 비교해 보면 좋아요. 'haul'은 '끌다'라는 의미입니다. 구조도 살펴볼까요? 수동태 구조이니 '끌어 당겨지다'라고 해석하면 좋겠어요. 'once'는 '한 번'이라는 부사로도 쓰일 수 있지만 '일단 ~하면'이라는 접속사로도 쓰입니다. 또 'overtaken'과 'killed'는 동사가 아닌 과거분사로 명사 'prey'를 수식해 줘야 하네요. 한 문장에서 동사는 하나임을 명심해야겠지요? 단어는 알지만 뜻이 달랐던 덩어리 단어들도 있었어요. 'getting A to B'는 'A를 B에 가지고 가는 것'으로 동명사 형태를 취했습니다. 'far'는 '멀리'라는 뜻도 있지만 비교급 앞에 쓰인 'far'는 비교급 강조부사로 '훨씬'이라고 해석합니다.

대충하면 점수도 대충 나옵니다. 정확하게 해석하는 연습을 꾸준히 해 보세요. 문장을 해석할 때는 한국어 어순으로 맞추려고 하지 말고 단어 순서 그대로 해석하는 직독 직해를 추천합니다. 더 빨리 해석할 수 있어요. 제대로 공부하면 처음에는 한 지문을 보는 데 40분 이상 걸릴 수 있습니다. 그러나 두 달 이상 매일 하다 보면 5~10분 정도로 시간이 단축됩니다. 조급해하지 말고 시간을 들여서 정확하게 해 보세요.

최강 독해 학습법	· 독해 문제를 풀고 틀린 문제는 다시 풀어 본다. · 한 문장씩 먼저 해석하고 해설지와 맞춰 본다. · 몰랐던 단어, 단어는 알지만 뜻이 다른 덩어리 단어, 내 해석과 다른 구조를 각각 다른 색 펜으로 표시한다. · 문제의 정답과 이유를 생각해 본다. · 표시한 부분을 보고 아웃풋 복습을 한다.

영어 듣기의 비결은
받아쓰기

모의고사에서 영어 듣기 영역은 전체 45문항 중 17문항을 차지해 약 37점 정도의 배점을 가집니다. 내신에서는 시험마다 다르지만 10점 내외로 들어가는 상황이에요. 내신과 달리 모의고사 영어 듣기 지문은 그날 처음 듣기에 더욱 어렵게 느껴집니다. 다행인 점은 영어 듣기는 독해보다 상대적으로 점수가 빨리 오르는 영역이라는 것입니다. 물론 제대로 공부했다는 가정하에 말이죠.

중하위권 학생들은 왜 영어 듣기를 잘하지 못할까요? 첫째, 많이 안 들어 봤기 때문이에요. 영어와 우리말은 소리가 다릅니다. 많이 들어 봐야 그 소리에 익숙해져 영어 듣기가 쉬워집니다. 둘째, 처음 접하거나 잘 모르는 단어가 영어 듣기 지문에 나오기 때문입니다. 실제로 그 단어의 뜻을 잘 모르거나 표현이 생소한 경우를 들 수 있겠지요. 셋째, 영어의 연음 현상과 발음 규칙을 잘 모르기 때문이에요. 영어 듣기를 공부할 때는 개별 단어를 읽을 때와 한 문장 속에서 뭉쳐져서 발음될 때의 차이를 알아야 합니다. 이 세 가지를 모두 잡는 영어 듣기 마스터 비법이 있어요. 받아쓰기, 즉 딕테이션dictation을 하는 것입니다.

받아쓰기를 하기 전에 반드시 문제를 한 번씩 풀어 봅니다. 이때 들리는 내용을 살짝 메모해 놓으면 답 고르기가 더욱 쉬워집니다. 문제를 다 푼 뒤 채점을 해 봅니다. 이제 틀린 문제를 받아쓰기할 차례입니다. 받아쓰기 코너가 따로 있는 영어 듣기 교재가 많습니다. 교재의 받아쓰기 코너에 자신이 틀린 문제를 받아 적고, 여러 번 들으면서 최대한 빈칸을 채워 봅시다. 핸드폰의 구간 반복 기능을 이용하면 한 문항을 여러 번 반복해서 들을 수 있어요. 이때 꼭 해야 하는 것이 '안 들리는 부분을 한글로 적어 보기'입니다. 예를 들어, 들리는 대로 '대르뻬'라고 적고 해설지를 확인하면 '아~ 'that would be'가 '대르뻬'로 들리는구나' 하고 깨달을 수 있어요. 받아쓰기 후 문제로 돌아가 반드시 정답도 확인하세요.

다음 지문에서 '토피킹'이라고 적은 부분의 답은 'topic in'이랍니다. 연음으로 하나의 단어처럼 들렸던 부분이에요. 이렇게 들리는 대로 한글로 쓰고 비교해 보세요. 다음에 또 '토피킹'으로 들

M: Do you (have) (any) (토피킹) (mine)?

W: I'm planning to <u>teach about the plants and animals</u> in Africa in my class.

M: Okay. we can give the students (a chance) (to) (컴바인) what they've learned.

릴 때 'topic in'으로 바로 알아들을 수 있답니다. '컴바인'이라고 써 둔 부분의 답은 'combine'으로 '결합하다'라는 뜻이에요. 잘 들었지만 단어의 정확한 뜻과 스펠링을 몰랐네요. 답지와 비교해 본 후 문제의 정답도 확인해 보세요. 정답의 근거에 밑줄을 치면 더욱 좋겠지요.

받아쓰기한 후에는 등하교 시간, 샤워 시간 같은 자투리 시간을 이용해서 자주 들어 보세요. 들을 때 소리 내서 따라 하면 금상첨화입니다. 이런 식으로 매일 듣다 보면 영어 듣기가 점점 쉬워질 거예요. 특히 중하위권 학생들은 영어 듣기 영역만 잡아도 모의고사 한 등급이 쉽게 오르니 꼭 도전해 보세요.

최강 **영어 듣기** **학습법**	· 최소 2일에 한 번 1회분을 푼다.
	· 채점 후 틀린 부분을 받아쓰기한다.
	· 들리지 않는 부분은 한글로 적는다.
	· 문제로 돌아가 답을 고쳐 본다.
	· 정답을 확인하고 받아쓰기도 채점한다.
	· 풀어 본 내용은 자투리 시간을 활용해 수시로 듣는다.

문법,
무작정 암기가 정답은 아니다

영화 〈나는 전설이다〉의 배경은 정체불명의 좀비들이 날뛰는 세상입니다. 집 밖에는 소리를 지르고 호시탐탐 주인공을 노리는 좀비들이 득실댑니다. 주인공은 너무 무서워 잘 때도 총을 껴안고 겨우 잠듭니다. 이런 세상에서는 총과 총알이 내 목숨을 구하는 아주 중요한 보물일 거예요.

영어 시험을 좀비에 비유해 볼까요? 좀비 세상에서 싸우는 주인공처럼 영어 시험이라는 좀비와 싸워서 이기려면 우리도 총이 필요합니다. 그런데 만일 총알만 있다면 어떻게 될까요? 혹은 총만 있다면요? 좀비한테 산채로 갈기갈기 찢기지만 않으면 다행일 것입니다. 영어 시험 좀비 세상에서 총알은 단어, 총은 문법이에요. 둘 중 하나만 있으면 좀비와 제대로 싸우지 못해요. 설령 싸운다고 해도 몇 배로 힘들겠지요.

영어 시험점수를 높이려면 문법 실력이 있어야 합니다. 문법만 강조하는 한국식 영어 시험을 비판하는 사람이 많습니다. 시험을 위한 문법이 아니냐는 비판이지요. 그러나 시험 성적을 떠나 정확한 독해를 위해서도 문법 실력이 필요합니다. 예를 들어, 문법 실력이 부족하면 한 문장에서 동사와 분사를 구분하지 못해요. 그러면 해석은 산으로 가고 글의 내용은 내 머릿속에서 재탄생하여 아무도 모르는 나만의 이야기가 됩니다. 아마 다들 한 번쯤 내가 한 해석과 해설지의 해석이 전혀 달라 웃어 본 적이 있을 거예요. 문법을 알아야 구조가 보입니다. 아주 세세한 문법까지는 아니더라도 어느 정도의 문법 규칙은 꼭 알아야 합니다.

문법은 절대 독학하지 마세요. 문법 공부는 EBS 인터넷 강의나 학원, 과외 수업을 추천합니다. 학교 수업으로 충분한 학생들도 있지만, 중하위권 학생들은 기초가 약한 경우가 많습니다. 학교 수업은 고2 수준인데 실제 문법 실력은 중1 수준인 학생들이 허다해요. 그러니 학교 수업을 충실히 들으면서 따로 기초 수업도 들어야 해요. EBS 인터넷 강의는 무료인 데다가 수준별 문법 강의가 많습니다. 단어는 단순 암기이기에 혼자서도 충분히 할 수 있지만, 문법은 이해를 바탕으로 하는 암기의 영역입니다. 그렇기 때문에 어려운 문법 용어를 쉽게 풀어 설명하는 수업이 훨씬 더 도움이 됩니다.

아이들에게 분사구문이 무엇이냐고 물어보면 마치 앵무새처럼 "시간, 부대 상황, 원인이요!"라고 대답합니다. 문법 공부를 할 때는 이렇게 단순하게 암기하지 말고 분사구문의 모양이 어떤지, 왜 만들어졌고, 어떤 식으로 해석하는지를 먼저 이해한 후 그에 따른 여러 가지 상황을 제시해야 합니다. 예문을 들어 설명하면 금상첨화고요. 해석에 적용하는 문법이 진짜 문법입니다.

한 가지 팁을 더 주자면, 영어 문법과 국어 문법의 유사성을 생각하며 공부해 보세요. 예를 들어, 동사를 명사로 바꾸는 'ing 동명사'의 경우를 국어 문법에서도 찾아볼 수 있어요. '읽다'라는 동사를 '읽기'라는 명사로 표현하는 것처럼요. 모든 문법을 하나씩 비교할 수는 없지만 몇 개의 규칙들은 비슷해서 이해를 도울 수 있어요. 물론 영어만이 가지고 있는 규칙들은 따로 이해하는 시간과 노력을 들여야 합니다.

또, 문법 용어를 절대 무시하지 마세요. 예를 들어, '형용사절'은 주어와 동사가 있는 절의 구조인데 형용사 역할을 한다는 뜻입니다. 달달 암기하지 말고 문장 속에서 이해하세요. 문법 용어를 이해해야 해설지의 설명을 이해할 수 있습니다. 특히 학년이 올라갈수록 해설지 설명이 짧아지고 문법 용어의 뜻을 알려 주지 않으니 한 번 공부할 때 용어를 알고 가야 합니다.

강의를 들었다면 반드시 아웃풋 공부를 해야 합니다. 백지에 요약해 보고 문제가 있다면 반드시 풀어 보세요. 인형에게 가르쳐 보고 예문을 기억나는 대로 써 보세요. 단순 반복 복습이 아닌 기억을 끄집어내는 공부로 복습해야 합니다.

어려워 보여도 제대로 하면 6개월 안에 정복할 수 있는 게 문법입니다. 빠르면 3개월에도 큰 개념을 잡을 수 있어요. 문법 공부를 한 뒤에 보는 문장은 그전과 완전히 다릅니다. 문법을 모르면 단어의 나열로밖에 보이지 않아요. 문법 공부 후에는 주요 문장마다 적용된 규칙을 찾아보세요. 문법을 알아야 서술형 문제도 풀 수 있습니다. 단어는 총알, 문법은 총! 반드시 기억하세요.

**최강
문법 학습법**

· 나에게 맞는 강의를 골라 수강한다.
· 문법 개념을 이해하고 예문을 같이 외운다.
· 수업 후에는 반드시 아웃풋 공부법(백지 요약, 문제 풀기, 가르치기, 설명하기, 기존 지식과 연결하기 등)으로 복습한다.
· 문장을 해석할 때 어떤 문법 규칙이 적용되었는지 살펴본다.

서술형은
연습만이 살 길이다

내신 시험을 볼 때 학생들의 심장이 쿵 하고 내려앉는 순간이 있습니다. 바로 서술형 문제를 만났을 때입니다. 그나마 단어 정도 쓰는 문제면 모를까, 가끔 통문장을 쓰는 문제가 나오면 식은땀을 흘립니다. 내신 시험에서 시간이 부족한 이유도 서술형 때문입니다. 많게는 점수의 40퍼센트까지 차지하니 외면할 수도 없습니다. 고득점을 위해서는 서술형 대비가 필수겠지요.

서술형의 정체가 뭐길래 이리 학생들을 힘들게 할까요? 사실 서술형은 다양한 영역을 종합적으로 이해해야 풀리는 문제입니다. 단어를 스펠링까지 정확히 알고, 문법을 전체적으로 이해하고 있으며, 독해를 정확히 해야 정답을 적을 수 있지요. 벌써 막막하고 어려워 보이지만 우리는 서술형 문제를 정복할 수 있습니다. 그럼 서술형 공부 방법을 살펴볼까요?

우선 여러분이 많이 쓰는 공부 전략을 살펴봅시다. 많은 학생이 문장을 암기하는 식으로 서술형을 대비하고 있어요. 물론 주요 문장 암기는 내신 공부의 핵심입니다. 다만, 주요 문장을 암기할 때에도 아웃풋 공부법을 적용해야 해요. 문장을 보면서 암기하지 말고 해석을 보고 영작해 본 후 원래 문장과 비교하는 순서로 학습해야 합니다. 저는 이 공부법을 '거꾸로 서술형 공부법'이라고 부릅니다.

'거꾸로 서술형 공부법'의 핵심은 내가 영작한 문장과 원래 문장을 비교하는 데에 있습니다. 두 문장을 비교하면 내가 어떤 단어와 문법이 부족한지 알 수 있어요. 하위권 학생들은 시험 범위의 모든 문장을 공부하지 말고 선생님과 참고서가 중요하다고 강조한 주요 문장 위주로 공부하세요. 아무것도 못 쓰겠다고 단정 짓지 말고 단어 하나라도 꼭 도전해 봅니다. 너무 어렵다면 본문 단어를 미리 암기하거나 해석본에서 주어와 동사를 먼저 확인한 후 써 보세요. 교과서나 참고서를 보면 문장마다 쓰인 문법이 상세히 설명되어 있어 큰 도움이 됩니다. 무턱대고 외우지 말고 이해해야 합니다.

한글 해석

다른 사람이 갖지 못한 차이를 만들어 내는 것이 자신의 분야에서 성공하는 방법이다.

영포자의 영작

Creating a difference that others don't have way succeed in your field.

실제 문장

Creating a difference that others don't have is a way to succeed in your field.

위의 예를 하나씩 살펴보겠습니다. 한글 해석에서 동사 부분은 '~이다'입니다. 영포자의 영작에서는 동사가 보이지 않네요. 실제 문장을 보면 동사가 '~이다'이므로 be 동사를 활용하되 동명사 주어(Creating)는 단수 취급하니 단수 동사인 'is'를 사용했어요. 또 'to'가 나온 이유는 'way'를 수식하는 to부정사의 형용사 용법을 써야 하기 때문입니다. 셀 수 있는 가산 명사인 'way' 앞에는 'a'가 붙는군요. 이런 식으로 비교하면 암기가 쉬워집니다.

내 영작이 왜 틀린 건지 궁금하다면 주변 선생님에게 질문하세요. 참고서는 내가 모르는 것을 다 설명해 줄 수 없지만, 선생님은 하나하나 전부 설명해 줄 수 있어요. 공부에 적극적인 학생을 환영하는 선생님이 많답니다. 또, 내가 한 영작이 원래 문장과 다르더라도 맞는 문장일 수 있어요. 위 예문의 경우 'creating' 대신 'to create'를 써도 됩니다. to부정사의 명사적 용법으로 같은 내용을 표현할 수 있거든요.

서술형 공부는 내신 시험 기간뿐만 아니라 평소에도 꾸준히 해야 합니다. 매일 한 줄이라도 영작하는 친구와 아닌 친구는 큰 차이가 납니다. 또, 평소에 연습하다 보면 영작 시간 자체가 줄어듭니다. 쉬운 문장 여러 개보다 어렵지만 핵심 문법을 담은 문장 하나가 서술형 학습에 좋으니 선별하여 공부하세요. 서술형 관련 교재는 도서출판No.1의 《서술형 기출 NO.1》이라는 책을 강력 추천합니다.

**최강
서술형 학습법**

· 서술형 문제집으로 매일 영작을 해 본다.
· 영작할 때는 해석을 보면서 주어, 동사, 목적어 등을 미리 생각한다.
· 문장을 맞춰 보고 왜 틀렸는지 이해한다.
· 이해하지 못한 부분은 선생님께 가져가서 설명을 듣는다.
· 시험 기간에는 주요 문장 위주로 공부한다.

내신 준비,
어떻게 할까?

내신과
모의고사의 차이점

생각보다 꽤 많은 학생이 영어 내신과 모의고사 성적 차이가 커고민하고 있습니다. 아마 이 책을 보는 여러분 중에도 같은 고민을 하는 친구들이 있을 겁니다. 이는 학교 시험과 모의고사에 여러 차이가 있기 때문인데요, 내신 공부 방법을 소개하기에 앞서 내신과 모의고사의 차이점을 하나씩 짚어 보겠습니다.

첫째, '시험 범위의 유무'입니다. 모의고사의 경우 시험 당일에 지문을 처음 보게 됩니다. 어떤 단어와 내용이 나올지 모르니 평소에 공부해 독해 실력을 높여야 하지요. 내신 시험은 일정한 범위를 정해 주고 그 안에서 시험 문제를 출제합니다. 시험 범위 내용을 얼마나 숙지했는지가 관건이지요. 단순한 내용의 이해를 넘어 문장의 구조와 주요 단어의 스펠링까지 꼼꼼하게 학습해야 좋은 점수가 나옵니다.

모의고사가 재즈와 같은 즉흥 연주라면 내신은 무수한 연습 뒤에 올리는 클래식 공연과 같습니다. 즉흥 연주에서는 상황이나 분위기에 따라 자유자재로 적절한 연주를 하지만 클래식 무대에는 그 곡에 대한 피나는 노력이 필요합니다. 아주 세밀한 사항까지 분석하고 연습해야 하지요.

그럼 시험 범위만 열심히 공부하면 내신 점수가 무조건 잘 나올까요? 그건 또 아니에요. 내신의 지문이나 단어를 변형하여 출제하는 경우가 많기 때문이에요. 시험 범위 안에서 문제가 그대로 나오면 쉽게 맞히겠지만, 변형 문제는 모의고사처럼 순간적으로 지문을 이해해야 합니다. 평소에 다양한 지문을 연습한 친구는 이런 변형 문제도 잘 풉니다.

둘째, '서술형의 유무'입니다. 서술형 문제는 내신에서만 볼 수 있는데, 앞서 이야기했듯 배점이 큽니다. 내신 점수를 올리려면 반드시 서술형 대비를 해야 하지요. 서술형을 대비하려면 매일 문장을 영작해 보는 노력이 필요합니다.

셋째, '문법 문제 비중의 차이'입니다. 모의고사에서 문법을 직접적으로 묻는 문제는 단 한 문제에 불과합니다. 그 문제를 틀려도 엄청난 영향을 받지는 않지요. 그러나 내신에서는 상황이 달라집니다. 예를 들어 서초구의 한 고등학교 기말고사를 살펴보면 객관식 24문항 중 6문항 정도가 문법 문제였고, 서술형 10문항 중에서는 문법을 알아야 답을 쓸 수 있는 문항이 6문항이었습니다. 문법 문제를 다 틀리면 성적에 아주 큰 영향이 있겠지요? 물론 학교마다, 출제자마다 스타일이 다릅니다. 보통은 문법 문제의 비중이 상대적으로 크지만, 아닌 학교도 있으니 반드시 본인 학교의 스타일을 알아야 합니다.

넷째, '영어 듣기 문제 비중의 차이'입니다. 모의고사는 1번부터 17번까지 영어 듣기 문제입니다. 그러나 내신에서는 영어 듣기 문제가 중간고사나 기말고사에 선택적으로 포함되는 경우가 많아요. 배점도 상대적으로 적고 보통 범위를 한정해서 알려 주기 때문에 내신 영어 듣기는 많이 어려운 편은 아닙니다. 다만 학생들이 영어 듣기 지문 내용을 이미 알고 있기에 출제자는 선택지에 어려운 단어를 넣거나 대화 속도를 빠르게 조정해 난이도를 조절하는 편입니다.

다섯째, '문제를 푸는 속도와 방법의 차이'입니다. 내신 시험 지문은 최소 한 번은 읽어 본 내용이기에 문제를 읽고 그 문제에서 요구하는 부분만을 선별적으로 읽는 경우가 많습니다. 그러나 변형 가능성이 있으니 출제 부분만큼은 주의 깊게 봐야 합니다. 교과서 본문에는 없었던 부정어 표현이나 반의어가 문제에 나올 수도 있어요. 지문의 내용을 안다고 해서 시험 문제 지문을 아예 읽지 않으면 문제를 틀릴 수 있습니다.

여섯째, '정답 개수의 차이'입니다. 모의고사는 한 문제당 정답이 하나지만, 내신의 경우 두 개 이상의 답을 골라야 할 때가 있습니다. 정답이 여러 개인 문제를 내는 이유는 문제 수준을 한층 더 올려 변별력을 확보하기 위함입니다. 하지만 답이 여러 개여도 꼼꼼하게 열심히 공부한다면 큰 문제가 되지 않습니다.

모의고사는 숲, 내신은 나무로 비유할 수 있습니다. 모의고사는 전체적인 주제와 논리를 파악하는 능력이 가장 중요하고 내신은 최대한 꼼꼼히 공부할수록 좋습니다. 두 유형이 아무리 달라도 우리에게 공부력이 있다면 이길 수 있습니다. 제대로 공부해서 제대로 된 점수를 받아 봅시다.

우리 학교 내신 스타일 점검하기

고등학교에 입학해 첫 중간고사를 치렀던 그 순간을 기억하나요? 아마 많은 학생이 중학교 시험과 달라 당황하고 어려워했을 거예요. 시험 범위도, 스타일도 전혀 다르고 난이도 또한 굉장히 어려운 게 고등학교 내신 시험입니다.

절대 무시할 수 없는 내신! 어떻게 준비해야 할까요? 많은 학생이 그저 과외나 학원에서 내주는 숙제로만 대비하거나 수업 시간에 집중하고 복습을 철저히 하면 된다고 대답합니다. 물론 그런 방식도 제대로 하면 효과가 있겠지만 사실 가장 중요한 것은 따로 있어요. 바로 '우리 학교 내신 스타일 점검'입니다.

사실 이것은 사교육 강사들만의 일급비밀인데 특별히 여러분을 위해 알려드릴게요. 학교마다 내신 스타일이 있습니다. 시험 범위부터 서술형 스타일까지 천차만별이에요. 단순히 어느 학교 시험 문제가 쉽다 혹은 어렵다는 개념이 아닙니다. 우리 학교만의 내신 스타일을 분석해야 공부를 좀 더 효율적으로 할 수 있고 점수 역시 더 큰 폭으로 올릴 수 있어요. 학교 내신 스타일 분석이라니, 어렵게 느껴지겠지만 크게 세 가지만 따져 보면 됩니다.

첫째, 시험 범위를 자세히 분석합니다. 시험 범위는 학교의 선호도에 따라 크게 네 가지로 분류됩니다.

① 교과서에서만 출제(예) 교과서 1~3과)
② 교과서+모의고사(예) 교과서 1~2과+2020년 3월 모의고사)
③ 교과서+모의고사+문제집(예) 교과서 1~2과+2020년 3월 모의고사+수능특강 1강)
④ 교과서+모의고사+문제집+미디어 자료(예) 교과서 1과+2020년 3월 모의고사+수능특강 1강+연설문 영상)

가장 흔한 유형은 2번입니다. 학교에서는 교과서뿐만 아니라 모의고사 공부도 같이 시켜야 하니 두 가지 수업을 병행합니다. 학교에 따라 시험 범위 비중을 문제집 대신 모의고사에 더 두기도 합니다. 4번은 외국어 고등학교에서 선호하는 스타일로 영어 상위권을 배출하려는 의도입니다. 언뜻 보면 아래로 갈수록 가장 어려울 것 같지만, 아닌 경우도 있습니다. 왜 그럴까요? 우리가 다음으로 살펴봐야 하는 또 다른 학교별 내신 스타일 때문입니다.

둘째, 시험 범위와 실제 출제된 내용의 유사성을 분석합니다. 다음은 시험 범위가 같았던 두 학교의 시험 문제입니다. 학교에서 내준 시험 범위와 실제 시험에 출제된 부분을 살펴볼게요. 먼저 공통으로 출제된 지문을 살펴보겠습니다. 밑줄 친 부분을 유념해서 살펴보세요.

[범위: 2018년 고2 3월 모의평가 23번]

Each spring in North America, the early morning hours are filled with the sweet sounds of songbirds, such as sparrows and robins. While it may seem like these birds are simply singing songs, <u>many are in the middle of an intense competition for territories.</u> (중략) The birds that can sing the loudest and the longest usually wind up with the best territories.

이제 시험 범위가 같았던 두 학교의 문제를 비교해 보겠습니다.

[A 학교]
다음 빈칸에 들어갈 말로 가장 적절한 것은?

Each spring in North America, the early morning hours are filled with the sweet sounds of songbirds, such as sparrows and robins. While it may seem like these birds are simply singing songs, many are _____. (중략) The birds that can sing the loudest and the longest usually wind up with the best territories.

① showing positive behaviors
② leaving thier nests
③ are too tame now to survive in the wild
④ suffering from health problems that cannot be treated
⑤ in the middle of an intense competition for territories

A 학교는 지문을 변형하지 않고 빈칸 채우기 문제로 출제했습니다. 이 경우, 학생들은 철저한 지문 이해와 반복적인 숙지를 해야 하겠지요?

[B 학교]

다음 빈칸에 들어갈 말로 가장 적절한 것은?

Each spring in North America, the early morning hours are filled with the sweet sounds of songbirds, such as sparrows and robins. While it may seem like these birds are simply singing songs, many are in the middle of an intense competition for territories. (중략) The birds that can sing the loudest and the longest usually wind up with the best territories. This is essential because the males with better territories _____.

① will be likely to be present at a particular place and time

② will connect with and understand the sounds of the natural world around them

③ will be likely to succeed in mating

④ will not welcome in certain areas

⑤ will not distinguish themselves from the competition both in and out of their species

---

B 학교는 출제자가 기존 지문에 한 문장을 새롭게 추가했습니다. 그래서 이 빈칸에 들어갈 내용의 선택지는 학생들이 시험 당일 처음 보게 된 문장들이었습니다. 그럼 B 학교 학생들은 어떻게 대비해야 할까요? 같은 내용을 반복적으로 보는 것보다는 어

휘력과 새로운 문장을 빠르게 해석하는 능력이 중요합니다.

그렇다면 두 학교 중 B 학교의 시험 공부가 더 어렵다고 단정 지을 수 있을까요? 그렇지 않습니다. 시험 문제의 난이도뿐만 아니라 범위의 차이도 고려해야 하기 때문이지요. 가령 A 학교의 시험 범위가 B 학교보다 훨씬 더 넓다면 그것 또한 학생들에게는 힘들 수 있습니다.

셋째, 서술형 문제의 유형을 분석합니다. 서술형 문제는 학교마다 매우 큰 차이가 있습니다. 한 단어를 쓰는 쉬운 문제부터 영작해야 풀 수 있는 어려운 문제까지 다양하게 출제됩니다.

[C 학교]
(A)가 의미하는 것을 〈조건〉에 맞게 쓰시오.

〈보기〉
look / take / screen / away / for / when / break / second

〈조건〉
· 〈보기〉의 어구를 모두 사용하여 문장을 완성할 것
· 〈보기〉 외에 단어를 추가할 것
· 어법에 맞게 단어 3개를 변형할 것

[D 학교]

질문에 대한 답을 조건에 맞게 영어로 쓰시오.

What did they do after it collapsed?

〈조건〉

· 주어와 동사가 있는 완전한 문장으로 쓰시오.
· 각각 8~15단어 이내로 쓰시오.

이렇게 세 가지 관점으로 학교 기출문제를 분석해 보세요. 모의고사는 유형이 정해져 있지만, 내신은 학교마다 스타일이 매우 다릅니다. 내신 문제를 잘 분석하면 효과 만점 공부 전략을 짤 수 있어요. 지피지기면 백전백승, 적을 알고 나를 알면 시험에서 이길 수 있습니다.

학교 수업, '퀘스트 깨기'로 정복!

제가 '과외 초롱이'라고 불렀던 한 학생이 있었습니다. 눈을 초롱초롱하게 뜨고 집중하는 예쁜 친구였지요. 하지만 이 친구에게는 반전이 있었어요. 학교 수업에는 전혀 집중하지 않고 심지어 학교에서 나눠 주는 학습지조차 자주 잃어버리는 친구였지요. '과외 초롱이'는 사실 '학교 나무늘보'였던 거예요. 과외 수업에서만 조롱초롱했던 것이지요.

이 책을 읽는 우리 학생들, 혹시 뜨끔한가요? 생각보다 학교 수업을 중시하지 않는 친구들이 많아요. 얘기를 들어 보면 별 이유가 많습니다. 학교 선생님보다 과외 선생님이랑 더 친해서 그렇다, 학교 수업은 재미없다, 수업 듣는 친구들이 많아서 그렇다는 등의 이야기지요. 물론 학생들의 마음은 이해하지만, 학교 나무 늘보들은 더 중요한 것을 놓치고 있어요. 바로 시험 문제를 출제하는 사람이 학교 선생님이라는 사실입니다. 너무나도 당연한 이 사실을 우리는 종종 잊습니다.

여러분은 '출제자의 의도를 파악하라'라는 말을 많이 들었을 거예요. 출제자, 즉 학교 선생님의 수업을 잘 듣고 스타일을 파악하는 것은 매우 중요합니다. 학원이나 과외 수업은 어디까지나 조력에 불과하다는 사실을 잊지 말아야 해요. 물론 과외나 학원에서 시험에 나올 만한 것을 예측해 알려 줄 수는 있지만, 더 중요한 핵심은 학교 수업에서 나옵니다.

특히 고학년은 시험 범위가 굉장히 넓은데, 고3의 경우 수능특강 문제집 한 권이 중간고사 범위인 경우도 있습니다. 이 경우 학교 선생님도 모든 부분을 가르칠 수 없으니 수업에서 핵심만 강조합니다. 따라서 수업을 열심히 들으면 시험에 나올 만한 부분을 알 수 있어요. 시간 대비 효율적인 공부가 가능해집니다.

재미없고 지루한 학교 수업에 집중하는 꿀팁을 알려 드릴게요. 필기를 열심히 하라는 뻔한 조언이 아닌 중하위권 학생을 위한 맞춤 꿀팁입니다. 수업마다 '퀘스트quest'를 정해 보세요. 퀘스트라면 게임에서 많이 들어 본 단어지요? 버섯 5개를 먹으면 레벨이 하나 오르는 그 퀘스트 맞습니다. 이 방법을 수업에도 적용할 수 있답니다. 학교 수업 시작종이 치면 포스트잇에 나만의 퀘스트를 적고 책상 위에 잘 보이게 붙여 두세요. 제한 시간은 수업이 끝날 때까지입니다. 게임을 한다 생각하고 수업을 들으면 훨씬 더 집중할 수 있어요. 여기서 주의할 점은 퀘스트는 가능한 한 구체적이어야 한다는 것입니다.

예를 들어 볼게요. 시작종이 울리면 교과서를 펴서 오늘 배울 부분을 확인합니다. 2과에서 3번째 문단을 배울 차례군요. 곤충 서식지에 관한 재미없는 내용이지만 이 지루함을 퀘스트로 극복해 봅시다. 선생님이 들어오실 때까지 빠르게 퀘스트를 만들어 포스트잇에 적어 보세요.

- 3시 23분까지 수업 중 새롭게 알게 된 단어 5개를 순간 암기하고 백지에 적어 보기
- 수업 종 치기 전까지 선생님이 강조한 한 문장 암기하기
- 우리 반 1등보다 필기 많이 하기
- 가장 어려운 내용을 표시하고 수업 후 선생님에게 찾아가 질문하기

단 한 개의 퀘스트도 괜찮습니다. 물론 수업 내용을 전부 다 기억하면 좋겠지만 현실적인 하나의 목표를 달성하는 훈련도 수업 집중력을 높여 줍니다. 특히 중하위권 학생들에게는 수업이 '참고 견뎌야 하는 시간'에 불과한 경우가 많아요. 참으면 오래가지

못합니다. 즐겨야 해요. 즐기려면 수업 자체가 게임이 되어야 합니다.

그렇게 퀘스트 깨듯 수업 들은 후에는 반드시 아웃풋 복습을 해야 합니다. 어렵게 생각하지 말고 5분만 짬 내서 아웃풋 공부법으로 기억을 끄집어내 보세요. 1시간씩 복습하면 매일 할 일이 너무 많아져 지칠 수 있어요. 딱 5분만 정해 놓고 핵심 문장, 단어, 문법을 짧게 요약하는 습관을 들여 보세요.

영어 기본기가 아예 없다면 단어나 문장 해석 정도의 예습을 해 보세요. 내 수준과 수업 수준의 차이가 크면 집중하기 더욱 어렵습니다. 어느 정도 내용을 알고 가면 자신감이 생기니 작은 예습이 집중력을 높여 줄 거예요. 그렇다고 예습에 너무 많은 시간을 투자하지는 마세요. 예습이 큰 짐이 되면 부담감도 커지니 예습 시간은 5분이나 10분 정도가 좋습니다. 여러분 모두 학교 초롱이, 더 나아가 시험 초롱이가 되어 봅시다.

공부 시간은 유연하게, 계획은 2차까지 완벽하게

열공이는 아주 멋진 영어 시험 공부 계획을 세웠습니다. 하루에 10문장씩 암기하고 15문제씩 풀기로 했죠. 시험 4주 전. 100퍼센트는 아니어도 하루 할당량을 잘 지켰습니다. 그런데 시험 3주 전에 갑자기 각 과목 선생님들이 수행평가를 폭탄으로 내주었어요. 어쩔 수 없이 열공이는 수행평가에 모든 시간을 쏟고 시험 공부는 많이 하지 못했어요. 시험 2주 전. 갑자기 예상치 못한 부분이 시험 범위에 추가되었어요. 전혀 생각지 못한 변수에 열공이는 당황했습니다. 시험 1주 전. 학원과 학교 숙제가 많아졌어요. 숙제를 하다 보니 계획은 잊어버린 지 오래입니다. 열심히 공부하긴 했지만, 열공이는 본인의 계획을 잘 지키지 못해 학습 주도권을 잃어버린 느낌이에요.

열공이의 문제점은 4주간의 계획이 매일 똑같았다는 점입니다. 우리의 생활은 매일 똑같지 않아요. 열공이처럼 수행평가, 소풍 등의 학교 행사가 있기 마련이에요. 따라서 공부 계획에도 이런 변동사항을 반영해야 합니다. 보통 학교 홈페이지에서 학사 일정을 확인할 수 있으니 한번 체크해 보는 것이 좋아요. 또 지난번 시험을 되돌아보세요. 시험 2~3주 전에 내주는 수행평가의 양을 대략 가늠할 수 있습니다.

계획을 짤 때는 이런 변동사항을 고려해 여유 시간을 남겨 두어야 합니다. 저는 이런 시간을 '예비 시간'이라고 부릅니다. 예비 시간은 '비워 놓지만 실제로는 채워지는 시간'입니다. 매일 예비 시간을 만들어도 좋고 주마다 하루를 정하는 방법도 있습니다. 학교마다 수행평가와 숙제의 양이 다르니 지난번 시험을 기준으로 스스로 예비 시간을 만들어 보세요. 예비 시간에 할 숙제나 학교 일정이 없다면 공부하세요. 다음 예비 시간을 당겨온다는 느낌으로요. 그리고 다음 예비 시간을 늘리는 방식으로 융통성 있게 시간을 활용해야 합니다. 수행평가가 없다고 예비 시간에 놀면 결국 다음 공부 시간을 뺏길 수밖에 없어요.

열공이네 학교는 중간에 시험 범위를 추가했어요. 사실 시험 범위는 늘기도, 줄기도 하는 고무줄과 같아요. 대략적인 범위만 나오고 정확한 범위가 확정되는 데 시간이 좀 걸리기도 합니다.

보통 2주 전쯤 확정되곤 하죠. 시험 준비 초반에는 학교에서 이미 배운 부분을 조금 빠른 속도로 공부하는 편이 좋습니다. 학교에서 한 번 다룬 부분은 거의 시험 범위에 들어가니까요. 초반에 많이 공부하면 수행평가가 쏟아지고 시험 범위가 추가되어도 여유 있게 준비할 수 있습니다. 또, 아직 학교에서 진도를 다 나가진 않았지만 시험 범위에 확실히 포함될 내용이라면 학교 수업 전이라 할지라도 미리 예습하면 좋습니다. 시험 직전까지 진도를 맞춰 수업하는 선생님들도 있으니까요. 시험 바로 전에 배운 부분이 출제된다면 공부할 시간이 없을 수도 있어요. 미리 공부해 놓는 것도 전략입니다.

시험 4주 전부터 1주 전까지를 '1차 시험 대비 기간', 1주 전부터 시험 전날까지를 '2차 시험 대비 기간'으로 나누어 계획을 짜면 더 효율적입니다. 1차 시험 대비 기간에는 최선을 다해 모든 시험 범위를 공부하세요. 그리고 시험 1주 전, 미니 테스트처럼 실전 문제집으로 테스트해 보세요. 그리고 그 점수를 기반으로 다시 2차 시험 대비를 합니다. 이때는 부족한 부분이 무엇인지 알기 때문에 모르는 부분을 더욱 집중적으로 공략할 수 있어요. 우리가 보는 학교 시험이 마치 두 번째 기회처럼 느껴질 거예요.

그럼 목표는 구체적으로 어떻게 세워야 하는지 알아봅시다. 'SMART 법칙'으로 본인의 목표를 검토해 보세요.

- **S**pecific   구체적이고 분명해야 한다.
- **M**easurable   실천의 정도가 측정 가능해야 한다(숫자로 표현할 것).
- **A**chievable   환경이나 시간을 고려한 달성 가능한 목표여야 한다.
- **R**ealistic   거창하지 않은, 현실적으로 실현 가능한 목표여야 한다.
- **T**ime-limited   마감 기한이 설정되어야 한다.

1차, 2차 시험 대비 기간이라는 큰 틀에서도 계획을 세우고, 스터디 플래너를 활용해 하루 계획도 같이 짜야 합니다. 계획도 숲과 나무라는 관점으로 본다면 더욱 좋겠지요. 스터디 플래너로 하루 계획 짜는 자세한 방법은 7장에서 소개하고 있으니 참고하세요.

백전백승
3단계 내신 공부법

① 1단계: 중요 문장에 집중하라

우리가 접하는 모든 영어 지문에는 핵심 문장이 있습니다. 중하위권 학생들은 일단 이 핵심 문장부터 공부하세요. 물론 지문의 모든 문장을 암기하고 공부하면 좋겠지만 기초가 약할수록 한 문장을 공부할 때 시간이 오래 걸립니다. 그러니 욕심을 부려 모든 문장을 공부하지 말고 지문의 핵심 문장만 공부해서 우선 시험 범위를 한 번 훑으세요. 그 후 나머지 문장들을 공부합니다.

시험에 나올 가능성이 큰 문장을 먼저 공부하면 핵심을 파악하는 능력도 길러집니다. 핵심 문장을 판별할 때 가장 중요한 것은 '주제문'과 '문법 구조가 복잡한 문장'을 찾는 것입니다. 핵심 문장이 한 지문에 여러 개일 수도 있고, 단 하나의 문장이 앞에서 말한 두 가지 조건에 모두 해당할 수도 있습니다.

내신 문제는 두 가지 방향에서 출제됩니다. 내용과 문법에 대한 이해를 요구하지요. 내용 이해 문제의 유형에는 A-B-C 순서 맞추기, 문장 삽입, 요약문, 주제 찾기, 제목 고르기 등이 있습니다. 이 유형의 문제를 풀 때는 지문의 주제문과 글의 논리를 정확히 파악해야 합니다. 따라서 주제문이 핵심 문장이 되어 답의 힌트를 줄 수 있지요. 하지만 주제문을 공부했는데도 문제를 틀릴 때가 있습니다. 왜일까요? 지문 외의 단어가 선택지로 나올 경우, 기본적인 단어 실력이 그 당락을 가르기 때문입니다. 따라서 시험 공부가 아니더라도 평소에 단어 공부를 열심히 해야 합니다.

문법 문제 유형에는 서술형 통문장 쓰기, 어법상 틀린 것 찾기, 틀린 것 바르게 고치기 등이 있어요. 모든 문장에는 문법 규칙이 있지만, 특히 선생님이 강조하는 문법이 들어 있는 문장이 공략 문장입니다. 문법 구조가 복잡한 문장은 통으로 암기하는 편이 좋습니다. 서술형으로 나올 가능성이 크기 때문이지요. 이때 앵무새처럼 달달 외우기보다는 문법 규칙을 이해한 상태로 암기해야 합니다. 여러 번 읽지 말고 아웃풋 공부법을 적용해서 해석 부분을 보고 최대한 기억을 끄집어내는 방향으로 공부하세요.

학년이 높아질수록 시험 범위는 점점 넓어지고 암기할 문장도 많아집니다. 지문이 40개라고 가정한다면 적어도 40개에서 80개 정도의 핵심 문장이 나오겠지요. 그 많은 문장을 한꺼번에 갑자기 외우려고 하지 마세요. 시험 대비 기간은 외운 문장을 적용해 문제를 풀고 연습하는 시간입니다.

핵심 문장은 평소 주중에 매일 딱 한 문장씩만 골라 암기하세요. 두 달이면 40문장을 암기할 수 있습니다. 가능하다면 두 문장씩 암기하면 더욱 좋겠지요. 집에 와서 따로 시간 내 암기하지 말고 학교에 있는 동안 암기한다는 생각으로 틈틈이 보면 좋아요. 책상 위 포스트잇에 오늘 외울 한 문장의 해석을 적어 놓고 볼 때마다 기억을 떠올려 보세요.

② 2단계: 지문을 정확히 해석하고 분석하라

핵심 문장을 공부했다면 그다음은 그 외의 문장들을 해석하고 분석할 차례입니다. 시험 범위 전체를 모두 정확히 해석할 수 있어야 합니다. 시험 범위에 있는 난어만큼은 반드시 다 알아야 합니다. 단어를 딱 봤을 때 헷갈리지 않고 1초 안에 뜻을 대답할 수 있어야 한답니다. 만약 선생님이 어떤 단어를 중요하게 강조했다면 그 단어는 따로 특별 대우합니다. 그 단어의 뜻을 사전으로 검색해 보고, 반의어와 유의어를 모두 정리해 놓으세요. 그렇게 해석이 모두 끝나면 문장마다 문법적 요소를 살펴보세요. 모든 문장에는 반드시 문법 규칙이 들어 있습니다. 참고서에 자세히 나와 있으니 활용해 보세요.

이렇게 모든 문장을 공부했다면 책을 덮고 글의 흐름을 소리내어 말해 보세요. A-B-C 순서 맞추기와 문장 삽입 문제를 대비하기 위함입니다. '이 지문은 먼저 지구온난화의 위험성을 경고하며 글을 시작했어. 그다음엔 모두가 알지만 실천하지 않는 실태를 지적했어. 그리고 학생들이 실천할 수 있는 두 가지 방법을 제시했어. 첫 번째는······.' 이런 식으로 각 지문을 요약하고 흐름을 이해하는 습관을 들여 봅시다.

예를 들어 보겠습니다. 일단 지문의 전체 내용을 정확히 해석합니다. 학교 선생님이 수업 시간에 필기한 사항을 꼼꼼하게 살펴보세요. 특히 단어나 구동사 표현은 반드시 완벽하게 숙지해야 합니다.

We are often faced with high-level decisions, where we are unable to predict the results of those decisions. In such situations, most people <u>end up quitting</u> the option altogether, because the stakes are high and results are very unpredictable. <u>But there is a solution for this.</u> You should use the process of testing the option on a smaller scale. In many situations, it's wise to dip your toe in the water rather than dive in headfirst. Recently, I was about to enroll in an expensive coaching program. But I was not fully convinced of how the outcome would be. Therefore, <u>I used this process by enrolling in a low-cost mini course with the same instructor.</u> This helped me understand his methodology, style, and content; and I was able to test it with a lower investment, and less time and effort before <u>committing fully to</u> the expensive program.

[2020년 고2 6월 모의평가 32번]

이 지문에서는 'end up ~ing(결국 ~하다)'와 'commit to(~에 전념하다)'에 주목해야 합니다. 이외에도 관계부사나 사역동사 등 핵심 문법도 자세히 살펴보면 좋습니다.

이번에는 중요 문장 중심으로 살펴보겠습니다. 먼저 이 지문의 주제문은 무엇일까요? 형광펜 처리한 첫 번째 문장을 간단히 해석하면 '당신은 좀 더 작은 규모로 선택을 시험해 보는 과정을 활용해야 한다'입니다. 'should'가 있어 주제문임을 분명히 알 수 있어요. 당연히 시험 출제 가능성이 높은 문장이겠지요? 주제문은 반드시 암기하고 비슷한 어휘로 바꿔 출제될 수도 있으니 주목해야 합니다.

다음 중요 문장도 살펴볼까요? 가주어 'it'을 활용한 문장이 나왔습니다. 학교 선생님이 열심히 설명한 부분이네요. 당연히 서술형으로 출제될 확률이 높은 문장입니다. 이 문장 또한 아웃풋 공부법으로 원리를 이해하면서 암기해야 합니다.

밑줄 친 문장들은 A-B-C 순서나 문장 삽입 등으로 출제될 가능성이 있는 부분입니다. 이렇게 접속사가 쓰이거나 지칭대명사가 나오는 문장들은 글의 흐름에 관한 문제로 출제될 가능성이 있으니 표시하고 앞뒤 논리가 어떤지 잘 살펴보세요.

③ 3단계: 문제는 많이 풀수록 좋다

시험 2주 전부터는 문제를 풀 차례입니다. 공부량이 부족해도 시험 2주 전부터는 반드시 문제를 풀어 봐야 내가 아는 부분과 모르는 부분을 구분할 수 있습니다. 교과서는 시중에 관련 참고서와 문제집이 나와 있습니다. 그러나 교과서 외 문제집이나 모의고사 관련 문제는 찾기 어려울 수도 있어요. 학원이나 과외 수업을 받고 있다면 선생님이 나눠 준 문제를 풀어 보고, 독학하고 있다면 친구에게 문제를 빌려 복사해서라도 반드시 풀어 보세요. 또는 인터넷에서 시험 범위를 검색하면 많은 선생님이 올려 주신 문제를 찾을 수 있답니다. 최대한 문제를 많이 풀어 내가 모르는 부분을 확인하세요. 한 번 더 풀어 보고 싶은 문제는 따로 표시해 두고 나중에 다시 풀어 봅시다.

틀린 문제는 따로 정리하면 더욱더 효과적입니다. 문제를 오려 붙이는 형태의 오답 노트는 시간이 오래 걸려 추천하지 않습니다. 노트에는 공부하면서 몰랐던 부분, 알아야 할 부분 등을 요약 정리하세요.

문법과의 거리를 좁히는
3단계 공부법

내신은 문법을 정확히 알고 공부해야 좋은 점수를 받을 수 있습니다. 앞서 평소에 내 수준에 맞는 강의와 문제집으로 문법을 공부해야 한다고 했습니다. 내신 시험 대비도 마찬가지예요. 평소 공부하던 문법 문제집을 사전처럼 옆에 두고 활용하면 좋습니다.

그럼 어떻게 문법을 공부해야 할까요? 크게 세 단계로 나눠 공부하면 됩니다. 1단계는 선생님이 강조한 내용이나 참고서에 있는 문법 내용을 확인하며 암기합니다. 당연히 아웃풋 방식으로 암기해야겠지요? 2단계는 선생님께서 어떤 방식으로 출제할지 예측해 보세요. 마지막 3단계는 관련 문제를 찾아 풀어 봅니다. 평소 공부하던 문법 문제집이 큰 힘이 될 거예요.

예를 들어서 더 구체적으로 설명해 볼게요. 다음은 한 고등학교의 시험 범위였던 2020년 고3 3월 모의고사의 한 지문입니다. 밑줄 친 부분이 선생님이 설명한 부분이라고 가정해 봅시다.

Inspiration is a funny thing. It's <u>powerful enough to move</u> mountains. When it strikes, it carries an author forward like the rushing torrents of a flooded river. And yet, if you wait for it, nothing happens. <u>The irony is that so much is actually created-mountains moved, sagas written, grand murals painted</u>-by those who might not even describe themselves as particularly inspired. Instead, they show up every day and put their hands on the keyboard, their pen to paper, and they move their stories forward, bit by bit, word by word, perhaps not even recognizing that inspiration is striking in hundreds of tiny, microscopic ways as they push through another sentence, another page, another chapter. "I write when the spirit moves me, and the spirit moves me every day," said William Faulkner. <u>This is the principle way writers finish 50,000 words of a novel</u> each year during National Novel Writing Month-by showing up-and it applies to being creative the rest of the year as well.

우선 첫 줄에서 'powerful enough to move' 부분을 살펴볼

게요. 수업 시간에 선생님이 설명한 형+enough+to R, 'R 하기에 충분히 ~하게'를 필기했습니다. 그럼 이 부분은 어떻게 공부할까요? 일단 'R 하기에 충분히 ~한/~하게'만 보고 어떻게 영작해야 하는지 떠올려 봅시다. 떠올렸다면 어떤 식으로 문제가 나올지 예측해 보세요. 틀려도 좋아요.

"'enough powerful'에서 'enough'와 형용사 'powerful'의 위치를 바꾸지 않을까?"
"'to move'를 'move'나 'moving'으로 바꿀 수도 있겠네."

예측한 뒤에는 문법 문제집에서 관련 부분을 찾아봅시다. 목차를 잘 보면 확인할 수 있어요. 문제집을 자세히 살펴보니 enough의 위치와 관련된 문제가 하나 있어 풀어 봤어요. 해설지를 보니 enough는 한정사도 될 수 있고 부사도 될 수 있어 위치가 중요하다고 합니다. 한정사일 때는 'enough+명', 부사일 때는 '형+enough'네요.

다섯, 여섯 번째 줄의 'mountains moved, sagas written, grand murals painted'를 보니 'moved', 'written', 'painted' 세 단어 모두 과거분사를 활용했네요. 앞 명사를 수동의 의미로 수식해 줘야 하기 때문이에요. 그럼 선생님은 어떻게 문제를 낼까요? 분사에는 과거분사와 현재분사가 있지요. 아마 과거분사

'moved'를 현재분사 'moving'으로 바꾸지 않을까요? 문제집에서 분사 부분을 찾아 과거분사와 현재분사를 구분하는 문제를 하나 풀었어요. 아, 이제 좀 감이 잡히는군요.

끝에서 셋째, 넷째 줄의 밑줄 친 문장은 'the way' 뒤에 관계부사 how가 생략되었다고 선생님이 설명했네요. 'the way'랑 'how'는 같이 쓰면 안 되니 'the way how'로 바꾼 문제가 나오지 않을까요? 문제집에서 관계부사 관련 문제를 하나 찾아서 풀어 보았어요.

사실 공부해야 할 다른 과목도 많으니 모든 지문을 이렇게 공부할 수는 없을 거예요. 기초가 약하다면 지문당 딱 하나의 문법만 이해하겠다는 마음으로 공부하고, 어느 정도 문법에 대한 이해가 있다면 쉽게 이해되는 문법은 마지막 단계를 생략해도 좋습니다. 다만, 지문에 관련된 문제(참고서나 문제집에 있는 문제)는 꼭 풀어 봐야 합니다.

chapter
5

모의고사 준비,
어떻게 할까?

완전 정복!
모의고사 독해 유형

모의고사 유형을 먼저 파악하고 그에 맞게 공부해야 좋은 성적을 받을 수 있겠지요? 여기서는 문법, 듣기를 제외한 독해 문제의 유형을 하나씩 살펴보겠습니다.

① 목적

'다음 글의 목적으로 가장 적절한 것은?'

듣기 문제 바로 뒤에 나오는 유형입니다. 보통은 편지글이나 제안서의 형태가 많습니다. 앞부분보다 끝부분에 화자의 진짜 의도가 있다는 점을 유의하세요. 한국어 선택지로 나오니 선택지를 먼저 읽어 보세요. 지문을 이해하는 데 도움이 됩니다.

② 심경, 분위기

'다음 글에 나타난 'I'의 심경 변화로 가장 적절한 것은?'

주로 이야기 형태가 많습니다. 1학년 모의고사에서는 하나의 상황에서의 심경을 고르는 문제가 출제됩니다. 그러나 2학년부터는 사건이 일어나기 전후의 심경을 모두 파악하는 문제가 출제됩니다. 보통 'nervous→relieved' 같은 선택지로 나옵니다. 상황을 묘사하는 부사가 어려울 수 있지만 주어와 동사만 제대로 파악해도 상황이 그려지는 경우가 많아요. 어려운 단어가 있어도 기죽지 말고 머릿속에 상황을 그려 가면서 읽어 봅시다.

③ 주장, 요지

'다음 글에서 필자가 주장하는 바로 가장 적절한 것은?'
'다음 글의 요지로 가장 적절한 것은?'

보통 한국어 선택지로 나와 어렵지 않게 풀 수 있는 유형입니다. 선택지를 먼저 읽고 대략의 소재를 파악한 후 지문을 처음부터 읽어 내려갑니다. 이때, 명령문이나 'should' 같은 조동사가 나오면 주제문이니 자세히 읽어 보세요. 문장에 'but'이나 'however' 같은 역접의 연결사가 있다면 그 뒤의 문장을 더 세세하게 읽고 문제를 풉니다. 역접의 연결사가 없다면 끝까지 다 읽지 말고 주제문을 파악한 후 바로 문제를 풀어도 좋습니다.

④ 주제, 제목, 의미하는 바 찾기

'다음 글의 주제로 가장 적절한 것은?'

'다음 글의 제목으로 가장 적절한 것은?'

'밑줄 친 'constantly wearing masks'가 다음 글에서 의미하는 바로 가장 적절한 것은?'

영어 선택지로 나와 다소 어렵게 느껴지는 유형입니다. 특히 제목 유형은 오답률이 높은 유형 중 하나입니다. 주제와 제목 문제는 푸는 방식이 주장, 요지 문제와 흡사하나 선택지를 아주 꼼꼼하게 읽어야 합니다. 이 경우는 선택지를 먼저 보지 말고 바로 지문을 읽는 것을 추천합니다. 영어 선택지는 먼저 빠르게 보면 대충 읽을 확률이 높아요. 나도 모르게 하나의 선택지가 마음에 들어 지문의 내용이 그렇게 읽히는 경우가 많습니다. 선입견이 없는 상태로 지문을 먼저 읽고 마음속으로 주제를 생각해 보세요. 유의할 점은 선택지가 지문의 주제를 직접적으로 드러내지 않고 비유나 은유 혹은 질문의 형태로 나올 수 있다는 점입니다.

의미하는 바 찾기 문제도 오답률이 높은 유형입니다. 밑줄 친 부분이 비유적으로 쓰이기 때문에 함축된 의미를 찾는 것이 핵심입니다. 지문의 내용을 정확히 파악해 전반적인 주제와 반복되는 어구를 찾아보세요.

⑤ 도표, 일치/불일치

'다음 도표의 내용과 일치하지 않는 것은?'

'Bela Bartok에 관한 다음 글의 내용과 일치하지 않는 것은?'

'다음 안내문의 내용과 일치하는 것은?'

도표 문제는 먼저 도표를 분석한 후 지문을 읽습니다. 도표의 가로축, 세로축이 무엇을 뜻하는지 파악하고, 도표에 제목이 있다면 꼭 확인하세요. 참고로 도표 문제는 뒷부분 선택지가 답일 확률이 높으니 4번 선택지부터 풀어 보세요.

일치/불일치 문제는 한국어 선택지로 나오니 먼저 선택지를 읽고 풀어 봅니다. 이때 선택지의 핵심 단어에 밑줄을 그어 놓고 지문을 읽으면 지문을 읽는 동시에 문제를 풀 수 있습니다.

⑥ 어휘

'다음 글의 밑줄 친 부분 중, 문맥상 낱말의 쓰임이 적절하지 않은 것은?'

어휘 문제는 먼저 선택지의 어휘와 전반적인 글의 흐름이 일치하는지 파악합니다. 이때 선택지의 어휘를 모르면 문제 풀기가 어려워지니 평소에 꾸준히 어휘 공부를 해야 합니다.

어휘 문제를 푸는 요령은 선택지 어휘의 반의어를 생각해 보고 두 개 중 어느 것이 맞는지를 판단하는 거예요. 반의어는 한국어로 생각해도 좋습니다. 보통 주제와 연관 있는 어휘가 출제되니 항상 주제를 의식하면서 풀어야 합니다.

⑦ 빈칸

'다음 빈칸에 들어갈 말로 가장 적절한 것을 고르시오.'

가장 어려운 유형이며 킬러 문제가 많습니다. 빈칸을 먼저 본
후 그에 따라 적절한 방식을 적용해 풀어야 합니다. 빈칸은 보통
주제문인 경우가 많으나 세부 사항을 묻기도 하기에 더욱 까다롭
습니다. 팁을 주자면 선택지에 의존하지 말고 먼저 빈칸에 들어
갈 내용을 주관식처럼 추론해 보세요. 이때도 항상 주제를 염두
에 둬야 합니다. 그 후 가장 비슷한 선택지를 골라 보세요. 문제수
가 많고 3점짜리 문항이 많으니 평소에 꾸준히 연습해야 합니다.

⑧ 무관한 문장 고르기

'다음 글에서 전체 흐름과 관계없는 문장은?'

지문의 주제에서 벗어나는 문장을 찾는 문제입니다. 주제와 무
관한 문장이 겉보기에는 비슷한 단어로 구성되어 있어 헷갈립니
다. 그러나 주제를 정확하게 파악하면 혼자 딴소리하는 문장을
금방 찾을 수 있어요. 각 선택지 문장과 앞, 뒤 문장의 흐름을 살

펴봅시다. 답일 것 같은 문장을 지워 보고 흐름이 자연스러운지도 확인하세요.

⑨ 글의 순서 A-B-C

'주어진 글 다음에 이어질 글의 순서로 가장 적절한 것을 고르시오.'

네 덩어리로 나눠진 한 지문의 순서를 맞추는 문제입니다. 먼저 제시된 글을 보고 A, B, C의 첫 문장을 각각 읽어 봅니다. 이때 대명사나 연결사가 있다면 답의 힌트가 될 수 있어요. 답의 힌트를 찾아 A, B, C 중 주어진 글과 어울리는 첫 번째 문단을 찾으세요. 그리고 남은 두 문단의 첫 문장을 각각 읽어 같은 방식으로 문제를 풉니다. 유의할 점은 반드시 논리적 근거가 있어야 한다는 점이에요. 대명사가 가리키는 것, 연결사나 접속사 등을 자세히 살펴봐야 논리적 근거를 찾을 수 있습니다.

⑩ 문장 삽입

'글의 흐름으로 보아, 주어진 문장이 들어가기에 가장 적절한 곳을 고르시오.'

논리적 위치를 판단해야 하는 문제입니다. 먼저 주어진 문장을 잘 읽고 난 후 앞에는 어떤 내용이 나오고 뒤에는 어떤 내용이 올지 추론해 봅니다. 이때도 마찬가지로 답의 힌트가 되는 대명사와 연결사 등을 자세히 살펴보세요. 주어진 문장을 잘 분석한 후 지문을 읽어 내려갑니다. 선택지 앞뒤가 자연스러운지 살펴보고 논리적 비약이 있거나 어색한 경우를 찾아 문장을 삽입해 보세요.

⑪ 요약문 완성

'다음 글의 내용을 한 문장으로 요약하고자 한다. 빈칸에 들어갈 말로 적절한 것은?'

요약문에 넣을 적절한 어휘를 선택하는 문제입니다. 반드시 요약문을 먼저 읽고 지문을 읽으세요. 이때 주의할 점은 지문에 쓰인 어휘가 요약문에 그대로 쓰이지 않는다는 점이에요. 유의어, 다의어를 활용하여 요약문을 완성하기에 어휘의 뜻을 정확히 알아야 합니다.

⑫ 장문 독해

'(a)~(e) 중에서 문맥상 낱말의 쓰임이 적절하지 않은 것은?'

'주어진 글에 이어질 내용을 순서에 맞게 배열한 것으로 적절한 것은?'

'밑줄 친 (a)~(e) 중에서 가리키는 대상이 나머지와 다른 것은?'

'윗글에 관한 내용으로 적절하지 않은 것은?'

모의고사 맨 마지막에 나오는 장문 독해 문제는 지문이 여러 단락으로 구성되어 있습니다. 지문 하나당 문제수가 2~3개라서 심적 부담이 클 수 있지만 문제의 개수만 달라진 것일 뿐 문제 푸는 방식은 앞에서 나온 방식과 같습니다. 유의할 점은 각 단락의 요지 파악은 물론이고 전체 주제도 같이 파악해야 한다는 점입니다.

모의고사 속 낯선 지문, 이렇게 독해하자

① 주제문 찾기

모의고사 문제를 보면 4쪽까지는 상대적으로 쉬운 유형이 나옵니다. 주제와 요지 등을 직접 묻는 문제가 자주 출제되지요. 이 경우, 주제문을 정확히 파악했다면 과감히 답을 선택하고 다음 문제로 넘어가는 전략이 효과적입니다. 물론 모든 문장을 읽으면 참 좋겠지만 우리는 시간의 압박 속에서 뒤에 나오는 어려운 문제들까지도 고려해야 합니다. 그럼 답의 근거가 되는 주제문은 어떻게 찾을 수 있을까요?

첫째, 필자의 주장을 강하게 드러내는 표현이 포함된 문장에 주목하세요. 아래의 표현을 알아 두면 주제문을 찾는 데 도움이 됩니다.

- 명령문: 동사 원형/Don't
- 조동사: should/need to/ought to/must/have to 등
- 주요 단어: I believe/I think/I suggest/In my opinion/important/ necessary/essential 등
- 주요 연결어: to sum up/in summary/therefore/thus/hence/but/ however/on the contrary/in other words/on the other hand/indeed/as a result 등

둘째, 비교급, 최상급, 도치 구문, it~that 강조 구문이 쓰인 문장을 잘 살펴보세요.

셋째, 연구나 실험의 결과를 보여 주는 문장에 주목하세요.

Not only does it prevent cash-related crimes such as robbery and theft, but it can also reduce many other crimes.

(개정 영어Ⅱ YBM 2과)

we need to be cautious about thinking of war and the image of the enemy that informs it in an abstract and uniform way.

(2019년 수능 20번)

However, research has shown that this is not the correct way to perceive it.

(2019년 고3 9월 평가원 21번)

This "genetic optimism" has influenced public opinion, and research suggests that ordinary people are largely accepting of genetic explanations for health and behavior and tend to overestimate the heritability of common diseases for biological relatives.

(2019년 고3 9월 평가원 22번)

---

② 시간 정해 놓고 풀기

모의고사를 공부할 때도 순서가 있습니다. 많은 학생이 무작정 문제를 풀고 바로 해설지를 보는데 이런 방식으로 공부하면 사고력을 기르기 어려워요. 수학 문제를 풀다가 모르는 문제가 나오면 바로 답지를 보고 넘어가는 것과 같습니다. 문제집의 진도는 빨리 뺄 수 있겠지만, 실력 향상은 더뎌질 거예요.

모의고사 문제를 풀 때는 반드시 시간을 재서 풀어 보세요. 한 문제당 1분 30초로 계산해서 모의고사 한 회분을 통째로 푸는 것을 추천합니다. 이때 시간이 부족해서 몇 문제를 못 풀었다면 그 문제들만 다시 시간을 재서 풀어 보세요. 한 회분을 푸는 것이 어렵다면 10문제씩 나눠 풀어도 좋습니다. 기초가 아무리 약해도 시간 내에 풀려고 노력해야 합니다. 채점하고 틀린 문제는 반드시 다시 풀어 본 뒤 맞은 문제는 △, 또 틀린 문제는 ×로 표시하세요.

③ 정답만 보고 추론해 보기

이제부터가 핵심입니다. 재채점을 하면 정답을 알게 됩니다. 정답만 보고 정답인 이유를 추론해 보세요. 하위권이라면 단어 실력이 부족해 제대로 해석하지 못한 문장이 많아 틀렸을 수 있어요. 그럴 때는 해설지에 정리되어 있는 단어를 미리 살펴본 후 고민해 보세요. 이때는 답의 근거를 지문에서 찾겠다는 생각으로 치열하게 고민해야 합니다. 이 과정이 없으면 사고력이 늘지 않아요. 고민하는 시간이 아까워 바로 해설지를 보면 혼자 문제 푸는 힘을 기를 수 없습니다.

여러 문제 유형에서 답의 근거가 주제문인 경우가 많습니다. 주제문을 살피면서 답의 근거를 찾아보세요. 그 후 해설지를 보면서 한 문장씩 해석을 맞춰 보세요. 본인의 해석과 다른 부분을 형광펜으로 표시해 두면 다음 복습이 수월해집니다. 그렇게 한 문장씩 해석했다면 이제 해설지에 있는 답의 근거와 내가 생각한 근거를 비교해 봅니다. 정확한 이유를 알았다면 다시 지문으로 돌아가세요. 이번에는 바른 해석을 하는 동시에 답이 되는 근거를 생각하면서 정답의 이유를 설명해 보세요. 누군가를 가르친다는 마음으로 쉽게 설명하려고 노력해 봅시다.

주제문만 찾아도 풀 수 있는 문제가 있지만, 주제문을 제대로 찾아도 논리에 맞지 않으면 틀리는 어려운 문제들도 있어요. 학생들이 자주 틀리는 빈칸, A-B-C 순서, 문장 삽입, 무관한 문장 고르기 등의 문제는 정확한 독해와 더불어 유형별 접근을 해야합니다. 반드시 답의 명확한 근거를 지문 속에서 찾아야 합니다. 지문을 읽어 내려가며 이해와 동시에 근거를 찾는 연습이 필요합니다.

근거를 찾는 연습은 어떻게 할까요? 요즘은 답의 근거를 표시한 상세한 해설지가 있는 문제집이 많습니다. 혼자서도 충분히 연습할 수 있어요. 그래도 어렵다면 학교, 과외, 학원 선생님 또는 EBSi 무료 강의를 통해서도 배울 수 있습니다. 배우는 것보다 적용하는 것이 더욱 중요합니다. 유형별 근거 찾기를 배웠다면 같은 유형으로 매일 연습해야 합니다. 꾸준히 연습하면 근거 찾기도 수월해지고 속도도 빨라질 거예요.

④ 정확한 해석이 먼저

많은 학생이 정확하게 해석하지 않아도 요령만 있으면 점수를 잘 받을 수 있다고 착각하고 있습니다. 하지만 요령에는 한계가 있습니다. 고득점을 위해서는 정확한 해석력이 필요해요.

몇 년 전, H라는 학생과 수업을 하게 되었어요. 그 학생의 성적은 5등급이었어요. 한 문장도 제대로 해석하지 못하는 친구였기에 단어와 해석 위주로 수업을 진행했습니다. 물론 답의 근거를 찾는 방법도 가르쳤지만 주로 정확하게 해석하는 법을 가르쳐 주었습니다.

한 달가량 지나자 H는 불평하기 시작했어요. 예전에 다녔던 대치동의 학원은 답의 근거만 설명하고 넘어갔는데 왜 선생님은 자꾸 주어와 동사 찾는 법을 가르치냐는 말이었습니다. 황당한 말이지요. 정확한 해석 없이 요령만으로 점수가 오를 수 있다면 왜 2년이나 학원에 다녔는데도 점수가 오르지 않고 5등급에 정체해 있었을까요? 학원에 다니면서 한편으로 꾸준히 단어와 해석에 많은 시간을 쏟았다면 훨씬 더 점수가 올랐을 거예요. 저는 그 친구에게 이렇게 말했습니다.

"제대로 된 영어 실력을 갖추는 게 먼저야. 물론 답을 찾는 요령도 좋지. 하지만 제대로 된 영어 실력이 있어야 그 요령이 힘을 발휘한단다. 지금 너는 한 지문에 모르는 단어가 15개가 넘는 상황이야. 먼저 단어를 많이 외우고 정확한 문장 구조를 파악하는 데 공부 시간을 써라."

제 말을 들은 H는 불평 대신 단어와 문장 구조를 집중해서 공부했어요. 초반 두 달은 영어의 기초를 닦는 데에 더 많은 시간을 투자했습니다. 그러자 점차 점수가 오르기 시작했어요. 기초가 잡히자 답의 근거도 훨씬 더 잘 찾아냈습니다.

정답을 찾는 요령도 중요하지만, 무엇보다 정확하게 해석하는 실력이 있어야 해요. 주제문을 찾아도 그 문장을 제대로 해석하지 못하는데 정답을 고를 수 있을까요? 빈칸 문제에서 정답의 힌트가 되는 문장을 알아도 그 문장을 해석하지 못하면 문제를 틀리게 됩니다. 답을 찾는 연습과 정확한 해석력 기르기는 한 세트예요. 해석이 되지 않으면 요령은 의미가 없습니다.

독해에는
'이해'가 필요하다

"동해물과 백두산이 마르고 닳도록."

대한민국 국민이라면 누구나 아는 애국가 가사입니다. 이 가사의 의미를 생각하면서 불러 본 적이 있나요? 동해의 파란 물과 하늘 높이 치솟은 백두산이 마르고 닳는 것을 생각하면서 말이에요. 가사의 의미를 이해하며 애국가를 불러 보세요. 그저 앵무새처럼 읊조리는 것과는 또 다르게 느껴질 거예요.

영어 문장을 해석할 때도 이해하면서 읽어야 합니다. 너무 당연한 이야기 같겠지만, 의외로 이해하지 않고 그저 눈으로만 읽는 해석을 하는 학생이 정말 많아요. 단어도 알고 동사도 알고 해석할 줄도 알지만 "무슨 뜻이니?"라고 물어보면 잘 모르거나 문장을 다시 봐야 하는 경우가 태반이에요. 문장이 짧고 주제가 친숙한 경우에는 읽으면서 이해하는 게 어렵지 않지만 고2, 고3 수준의 문제는 그렇지 않아요. 점점 어렵고 추상적인 주제가 나오고 문장의 길이 역시 길어집니다. 해석 따로, 생각 따로 두 번 읽어야 하거나 해석만 하고 무슨 뜻인지 모르는 채로 그냥 넘어가는 학생들이 많아요. 이처럼 눈으로만 읽고 무슨 뜻인지 잘 모르는 경우를 저는 '눈만 독해'라고 부릅니다. '아 이런 말이구나' 하며 이해하며 읽는 독해는 '이해 독해'라고 부르고요. 이해 독해를 해야 문제를 잘 풀 수 있어요. 두세 번 읽을 필요가 없고 답을 고민하는 시간도 짧아집니다.

눈만 독해는 두 가지 경우로 나눌 수 있어요. 첫째, 다 아는 단어로 된 지문인데 이해하거나 내용을 떠올리는 과정 없이 해석하는 경우입니다. 시간이 없어 조급할 때 이해하려는 노력 없이 그저 해석에만 급급하게 됩니다. 시험에서는 틀렸지만, 다시 천천히 풀어 보면 이해되고 맞는 문제가 이 경우입니다. 마음이 조급하면 무조건 이 함정에 걸려들어요. 눈으로만 빠르게 읽으려고 하거든요. 아무리 마음이 급해도 주제문만큼은 시간을 들여 꼼꼼히 읽어야 합니다. 이 경우는 '마인드 컨트롤'이 가장 중요해요. 마인드 컨트롤에 대해서는 8장에서 더 자세히 설명하겠습니다.

둘째, 구조가 복잡하고 단어와 주제가 추상적이어서 어려운 경우입니다. 해설지를 봐도 모르겠다고 말하는 경우죠. 다음 예를 살펴봅시다.

마찬가지로, 유기체는 대단히 다양한 크기와 놀랄 만큼 다양한
형태와 상호 작용 하도록 진화했는데, 그것은 종종 증가하는 복
잡성을 반영하지만, 세포, 미토콘드리아, 모세관 그리고 심지어
나뭇잎과 같은 근본적인 구성 요소는 몸체의 크기나 그것들이
속한 체계 부류의 복잡함이 증가함에 따라 눈에 띄게 변화하지
는 않는다.

[2020년 고3 3월 학력평가 32번 해설 일부]

이 지문의 단어를 암기하고 문장의 구조도 잘 공부한다면 해석
할 수는 있을 것입니다. 그러나 이 내용을 요약해서 초등학생도
이해할 수 있게 전달할 수 있나요? 이것이 가능하다면 이해한 것
입니다. 어렵다면 눈만 독해한 것이에요.

그럼 이해 독해는 어떻게 해야 할까요? 제가 '키워드 찾기'라
고 부르는 방법이 있습니다. 앞서 한 문단 안에는 핵심 주제문이
있다고 말했습니다. 재밌게도, 한 문장 안에서도 핵심 단어가 있
답니다. 그 단어를 '핵심 키워드'라고 부르겠습니다. 모든 단어가
다 중요하지 않아요. 키워드에 주목하며 읽으면서 한편으로는 이
해하려고 노력해야 하지요. 그냥 읽지 말고 키워드를 표시하면서
읽어야 합니다.

마찬가지로, <u>유기체는</u> 대단히 다양한 크기와 놀랄 만큼 다양한 형태와 상호 작용하도록 <u>진화했는데</u>, 그것은 종종 증가하는 복<u>잡성</u>을 반영하지만, 세포, 미토콘드리아, 모세관 그리고 심지어 나뭇잎과 같은 <u>근본적인 구성 요소</u>는 몸체의 크기나 그것들이 속한 체계 부류의 복잡함이 증가함에 따라 눈에 띄게 <u>변화하지 는 않는다.</u>

밑줄 친 문장이 키워드입니다. 이렇게 키워드만 살펴봐도 요약할 수 있어요. '유기체는 복잡하게 진화했지만, 근본적인 것은 변화하지 않았다'라는 것이지요. 어때요? 조금 더 쉽게 이해되지 않나요?

키워드를 중심으로 독해하는 것이 이해 독해의 포인트입니다. 처음에는 어려울 수 있어요. 가뜩이나 시간도 부족한데 키워드에 밑줄까지 치면 시간이 더 부족하지 않을까 걱정될 거예요. 하지만 전혀 그렇지 않답니다. 시험 시간이 부족한 이유는 한 번에 이해가 안 돼 여러 번 읽거나 무슨 말인지 몰라 답을 찾느라 시간을 많이 쓰기 때문입니다. 한 번 읽을 때 제대로 이해하면 답이 명확해지고 정답률도 올라요. 연습만이 답입니다. 평소 독해 문제를 풀 때 키워드를 생각하고 줄을 치는 연습을 꾸준히 하세요. 점점 익숙해지면 문제 푸는 속도도 빨라질 거예요.

출제자의 의도를 파악하는
문법 공부법

모의고사에서 문법 문제는 단 한 개만 출제됩니다. 하지만 3점짜리 문제 하나로도 등급이 갈릴 수 있습니다. 기초가 없는 하위권이라면 일단 독해 문제 위주로 공부해야겠지만 실력이 향상되면 문법 문제도 도전해야 합니다. 내신에서는 문법이 중요하니 문법 공부를 꾸준히 하고 있을 거예요. 그럼 모의고사 문법 문제도 같이 공부하는 방법을 알아봅시다.

문법 문제집을 살펴보면 문법에 대한 설명이 있고, 그 밑에 관련 문제가 있어 개념 이해를 돕습니다. 가목적어에 대한 개념을 제시한 후 연습문제가 5개 정도 있는 식이지요. 문법과 구문의 개념을 잡을 때는 이런 형태의 문제집이 유용하나 이것만으로는 모의고사 문법 문제를 대비하기가 힘듭니다. 왜일까요? 모의고사는 어떤 개념에 대한 문제인지 가르쳐 주지 않기 때문입니다. 예를 들어 보겠습니다.

다음 글의 밑줄 친 부분 중 어법상 틀린 것은?

When children are young, much of the work is demonstrating to them that they ①do have control. One wise friend of ours who was a parent educator for twenty years ②advises giving calendars to preschool-age children and writing down all the important events in their life, in part because it helps children understand the passage of time better, and how their days will unfold. We can't overstate the importance of the calendar tool in helping kids feel in control of their day. Have them ③cross off days of the week as you come to them. Spend time going over the schedule for the day, giving them choice in that schedule wherever ④possible. This communication expresses respect—they see that they are not just a tagalong to your day and your plans, and they understand what is going to happen, when, and why. As they get older, children will then start to write in important things for themselves, ⑤it further helps them develop their sense of control.

[2020년 고3 3월 전국연합학력평가 29번]

상위권이라면 선택지마다 출제자가 요구하는 문법 요소를 판단할 수 있을 거예요. 그러나 중하위권 학생들은 선택지를 보고 출제자의 의도를 정확하게 파악하기 어렵습니다. 요구하는 개념 자체를 모르거나, 알아도 이 문제가 그 문제가 맞는지 헷갈립니다.

예문에서 ①은 강조 조동사 'do'의 쓰임을 묻고 있습니다. 이 경우 수 일치와 시제를 확인해야 합니다. ②는 동사에 밑줄이 그어져 있습니다. 굉장히 흔하게 나오는 문제죠. 이때는 이 자리가 진짜 동사 자리인지를 먼저 판단하고 동사의 자리가 맞다면 수 일치, 능동/수동, 시제 일치를 확인해야 합니다. 참고로 답은 ⑤입니다. 두 개의 절을 연결해야 하므로 'and It'으로 바꿔야 하지요.

이렇게 각 선택지를 보고 출제자의 의도를 바로 판단해야 합니다. '무엇을 묻는 문제다'라는 생각이 바로 들어야 해요. 그렇게 하기 위해서는 모의고사형 문법 문제를 많이 풀어 봐야 합니다. 문제를 풀 때도 무엇을 묻는 문제인지 추측하면서 선택지 옆에 간략하게 써 보세요. 그리고 해설지와 비교하며 학습하면 점점 출제자의 의도를 쉽게 파악할 수 있어요. 이 과정에서 알게 된 점을 나만의 노트에 정리하면 더욱 좋습니다. 다만, 이 방법은 전반적인 문법을 알아야 적용할 수 있어요. 아직 문법이 부족한 학생들은 개념 위주의 문제집으로 먼저 전반적인 공부를 한 뒤 모의고사형 문법 문제에 도전하는 것을 추천합니다.

모의고사 공부
등급별 커스터마이징

모의고사는 내신과 달리 평소에 하는 공부로 승부를 보는 영역입니다. 준비 기간이 따로 있지 않아요. 오늘의 공부가 모의고사 대비 공부랍니다. 축구로 비유하자면, 상대 팀 스타일에 따라 전략을 짜는 연습이 내신 공부라고 할 수 있어요. 매일 하는 체력 단련과 공차기 기술 연습이 모의고사 공부고요.

　내일 반복하는 훈련이 지루하듯 모의고사 공부도 매일 하다 보면 지겨울 수 있어요. 하지만 그 연습이 쌓이면 어떤 상황에서도 당황하지 않는 절대적 실력이 됩니다. 또, 평소 연습을 통해 기량 자체를 높이면 내신 시험에서도 훨씬 더 좋은 점수를 받을 수 있습니다. 그렇다면 바쁜 하루 속에서 모의고사 공부를 어떻게 해야 할까요? 등급에 따른 공부 전략을 살펴보겠습니다.

① 하위권(6~9등급)일 때

하위권의 경우 한 지문당 모르는 단어가 20개가 넘는 경우가 많습니다. 이 경우 주제나 요지를 찾는 문제를 바로 푸는 게 어려울 수 있어요. 일정 기간 동안은 단어 공부에만 시간을 투자하기를 추천합니다. 다만, 꼭 기간을 정해 놓고 그 안에 기초 단어장을 뗀다는 목표로 전력 질주해야 해요. 그저 '단어 수준이 좀 나아질 때까지' 애매하게 공부하면 지지부진하게 단어장을 계속 붙들고 있을 확률이 높아요. 추천 기간은 한 달입니다.

예를 들어, 중학 단어가 부족한 고2 친구라면 중학 단어장을 한 달 안에 끝낸다는 목표를 설정하고 공부합니다. 보통의 단어장이 60강 정도로 되어 있으니 하루에 3강씩 진도를 나가고 주말에는 주중에 공부한 15강을 복습하는 식으로 하면 좋겠지요. 이때 단어 공부는 반드시 아웃풋 공부로 해야 한다는 점을 명심하세요.

그렇게 하나의 단어장을 뗴고 나면 듣기 공부를 병행하세요. 듣기 영역은 독해 영역보다 상대적으로 점수가 빠르게 오르는 편입니다. 듣기 공부는 중하위권 방법으로 시작합니다.

② 중하위권(4~5등급)일 때

중하위권은 단어 공부와 더불어 실전 문제 풀이로 모의고사 유형에 익숙해져야 합니다. 영어 듣기는 꾸준히 풀어 듣기 지문 자체에 익숙해져야 합니다. 20분짜리 영어 듣기 1회분을 일주일에 3번 이상 풀어 보세요. 그리고 적어도 1회 이상은 받아쓰기를 해서 실력을 높여야 합니다. 한 번 듣고 끝내지 않고 자투리 시간을 이용해 자주 반복해 들어 봅시다.

모의고사 독해 기출 문제집 유형은 두 가지가 있습니다. 하나는 실제 모의고사 형태로 되어 있어 모든 유형을 풀 수 있는 모의고사형 문제집, 또 하나는 문제가 유형별로 나뉘어 있는 유형별 문제집입니다.

중하위권 학생들은 먼저 유형별 문제집으로 공부를 시작해 보세요. 우선 쉬운 유형을 풀며 자신감과 해석력 모두 기를 수 있습니다. 모의고사형 문제집은 다소 어렵게 느껴져 자신감이 떨어질수 있습니다. 먼저 주장, 주제, 요지, 도표, 일치/불일치 등 쉬운 유형을 먼저 풀고 공부하며 해석력과 단어 실력을 동시에 올려보세요. 그 후 어려운 유형을 풀면서 유형별 문제 푸는 요령을 연습합니다.

이때 주의할 점은 '하루에 몇 개씩 문제를 푼다'는 단순한 목표는 적합하지 않다는 점이에요. 문제마다 난이도가 다르니 유형별로 목표를 다르게 설정해야 합니다. 도표 문제 15개의 공부 시간과 제목 문제 5개의 공부 시간이 같을 수 있거든요. 먼저 유형별로 문제를 풀고 공부한 시간을 측정해 본 후 자신에게 알맞은 공부의 양을 정해 봅시다. 유형별 문제집 한 권을 다 끝내면 모의고사형 문제집으로 공부를 시작하세요.

③ 중상위권(2~3등급)일 때

　중상위권 학생들은 두 가지 공부 방법을 추천합니다. 실전 모의고사형 문제집으로 모든 유형을 한꺼번에 풀어 보는 방법과 어렵고 자주 틀리는 유형을 선택적으로 연습하는 방법입니다.

　시간 조절이 어렵고, 주어진 시간에 문제를 다 풀지 못하거나 틀리는 유형이 제각각인 학생들은 실전 모의고사형 문제집으로 실전 감각을 익히는 것을 추천합니다. 문제를 한꺼번에 풀어 보면서 집중력 관리와 문제 푸는 기술이 전반적으로 향상될 수 있습니다. 자주 틀리는 유형이 정해져 있는 학생들은 그 유형 문제만 모아 놓은 문제집으로 문제 풀이를 연습합니다. 이 경우 시간 감각을 유지하기 위해 일주일에 한 번은 실전 모의고사형 문제집을 푸는 것을 추천합니다.

④ 상위권(1등급)일 때

상위권이라면 본인의 실수를 파악하고 줄여 나가는 연습이 필요합니다. 나만의 오답 노트를 만들고 실수를 줄이는 나만의 방법을 고민해 봅시다. 또 자신의 실력보다 한 단계 높은 수준의 문제집으로 어려운 문제를 많이 풀어 보세요.

내신에서도 모의고사 형태의 문제를 출제하는 경우가 많습니다. 그렇기 때문에 모의고사 문제를 꾸준히 풀다 보면 내신 문제에도 모의고사 푸는 방법을 적용할 수 있어요. 내신과 모의고사는 완전히 다른 세계가 아니라 일정 부분을 공유하는 세계입니다. 매일 꾸준히 공부하다 보면 등급은 반드시 오릅니다. 다만, 영어 과목의 특성상 오늘 공부한다고 내일 당장 성적이 오르지는 않습니다. 꾸준한 공부가 두 달이 되고 석 달이 되면 반드시 성적이 오르니 조급해하지 말고 꾸준히 공부해 봅시다.

모의고사 문제 풀이
등급별 커스터마이징

모의고사 시험에서 어떤 유형의 문제부터 풀어야 하는지, 어떤 점을 유의해야 하는지 등급별로 나누어 설명하겠습니다. 어려운 유형은 개인마다 다를 수 있으니 여러분이 특히 어려워하는 유형이 있다면 순서를 달리 해서 풀어도 좋습니다. 요점은 쉬운 부분부터 자신감 있게 푸는 것입니다.

① 하위권(6~9등급)일 때

지문에 아는 단어보다 모르는 단어가 더 많은 하위권 학생들은 영어 듣기에서 점수를 확보하는 게 우선이에요. 영어 듣기는 상대적으로 쉬운 단어가 나오고 점수 올리기가 가장 쉬운 영역입니다. 많은 학생이 영어 듣기 문제를 풀 때 독해 문제를 같이 풉니다. 중하위권부터는 괜찮은 전략일 수 있지만, 하위권 학생들은 영어 듣기에 최대한 집중하는 것을 추천합니다. 집중력이 약하다면 필기를 하며 들어 보세요.

독해가 느린 하위권 학생들은 일단 모든 문제를 다 풀기보다 '선택과 집중'을 해야 점수를 올릴 수 있습니다. 목적, 심경, 주장, 요지, 도표, 일치/불일치 문제들은 상대적으로 쉬워 찬찬히 읽으면 문제를 맞힐 가능성이 큽니다. 지문을 읽을 때는 항상 주제문을 생각해야 한다는 것을 잊지 마세요. 또 하나, 모르는 단어가 나와도 포기하지 말고 조금 더 읽어 보세요. 이 유형들과 영어 듣기만 다 맞아도 점수는 큰 폭으로 향상될 거예요. 물론 시간이 충분하다면 다른 유형들도 풀어 봐야겠지요?

② 중하위권(4~5등급)일 때

중하위권 학생들도 영어 듣기 문제를 다 맞는 것이 1차 목표입니다. 영어 듣기 중에서도 평소에 자주 틀리는 유형은 필기하며 집중해 들어 보세요. 많은 학생이 잘 듣다가 집중력이 떨어져 실수로 틀립니다. 하지만 실수도 실력입니다. 어느 구간에서 틀렸는지 살펴보고 그 부분만큼은 초집중해서 풀어 보세요.

독해 문제는 목적, 심경, 주장, 요지, 도표, 일치/불일치 같은 쉬운 유형을 먼저 풀고 주제, 제목, 의미 문제를 풀어 보세요. 중하위권 학생들은 쉬운 문제에서 시간 단축을 하는 것이 핵심입니다. 쉬운 문제를 다 풀었다면 8쪽의 장문 문제 3개를 푼 다음 무관한 문장 고르기, 요약문, A-B-C 순서, 문장 삽입 문제를 풉니다. 33~34번 빈칸 문제는 가장 어려우니 제일 나중에 풀거나 아예 빈칸 문제를 제외한 나머지 문제에 힘쓰는 것도 방법입니다.

③ 중상위권(2~3등급)일 때

중상위권 학생들도 위에서 언급한 순서대로 쉬운 문제부터 공략하세요. 문법도 어느 정도 알고 있는 수준이니 문법 문제도 반드시 풉니다. 중상위권 학생들도 빈칸과 문장 삽입 문제를 많이 어려워하는데, 빈칸 문제 풀 시간을 쉬운 문제에서 최대한 확보해 놓아야 합니다.

오답률이 높은 빈칸 문제를 가장 나중에 풀기를 추천하나 여러 순서로 문제를 풀어 보고 자신에게 가장 잘 맞는 방법을 찾으세요. 고난도 유형인 빈칸 문제 4개를 모두 놓치면 상위권으로 올라가기 힘들어집니다. 빈칸 문제를 조금이라도 풀 수 있도록 시간을 관리해 보세요.

문제를 풀 때 문장의 핵심 단어를 표시하며 정확하게 답의 근거를 잡아 내야 합니다. 특히 3등급 학생들은 급하게 문제를 푸는 경향이 가장 심합니다. 어느 정도 공부도 잘하고 차분히 풀면 맞는 문제도 많은데 마음이 급해지면 이해력이 떨어집니다. 그러니 급하게 여러 번 읽지 말고 한 번에 정확하게 문제를 풀어 봅시다.

중상위권 학생들은 특히 컨디션과 집중력에 따라 등급이 좌우되는 모습이 자주 보입니다. 자신이 언제 집중이 잘 되고 안 되는지도 분석해 보세요.

④ 상위권(1등급)일 때

상위권 친구들은 본인만의 스타일로 문제 푸는 순서를 정하세요. 그동안 고득점을 받기까지 정말 여러 번 모의고사를 풀어 봤을 거예요. 가장 잘 풀리는 나만의 방법이 제일입니다. 기본적으로 실력이 상당한 친구들이니 심리적으로 편안하게 시험 보는 연습을 계속해 보세요.

시험 시간 70분을
알차게 활용하려면?

70분이라는 시간 동안 45문제를 푼다는 것은 그리 만만한 일이 아니에요. 마음은 급한데 갈 길은 천리만리처럼 느껴지지요. 성적이 낮은 학생일수록 지문을 읽는 속도도 느리기에 못 푸는 문제가 더욱 많습니다. 어떻게 해야 시간 내에 모든 문제를 풀 수 있을까요?

모든 문제를 똑같은 비중과 속도로 풀면 안 됩니다. 모의고사에는 상대적으로 쉬운 유형과 어려운 유형이 있다고 했지요. 쉬운 유형인 목적, 요지, 주장, 주제 등의 문제에서 시간을 아껴서 좀 더 어려운 유형에 투자해야 합니다. 예를 들어 요지 문제를 1분 안에 푼다면 빈칸 문제에 2분을 쓸 수 있게 되는 것이지요.

쉬운 문제는 빠르게 풀어야 해요.

이때 문제나 지문을 그저 눈으로만 빠르게 읽으면 안 됩니다. 이해하지 않고 눈으로만 빠르게 읽으면 마음이 급해져 제대로 해석하지 못할 수 있습니다. 문장 읽는 속도를 조절하려 하지 마세요. 문장을 핵심 주제문과 아닌 문장으로 구분해 선별적으로 읽어야 합니다. 핵심 주제문을 빨리 파악했다면 모든 문장을 다 읽지 말고 답을 체크하고 넘어가는 것이 좋습니다. 물론 모든 문장을 꼼꼼히 다 읽고 풀면 좋겠지만 주어진 시간을 현실적으로 고려해야 합니다. 전략적으로 답의 근거를 찾았다면 답을 체크하고 다음 문제로 넘어가세요.

모든 문제를 다 이런 식으로 풀라는 말은 아닙니다. 다만, 답의 근거가 명확할 경우 과감히 결단을 내리는 연습도 필요하다는 말입니다. 모든 지문에는 글의 구조가 있습니다. 주제문과 보충 설명으로 이루어져 있죠. 주제문을 찾는 연습을 하다 보면 이 구조도 더 쉽게 파악할 수 있습니다. 주제문을 빨리 찾았다면 요지, 주장, 주제, 제목 등의 문제는 한결 수월하게 풀 수 있어요. 그런데 만일 이 주제문의 단어를 해석하시 못해 이해가 안 된다면 어떻게 해야 할까요? 보충 설명을 계속 읽어 내려가며 주제문의 이해를 도와야 합니다. 따라서 한 문장을 읽어도 정확히 해석하는 해석력과 단어 실력을 갖추도록 계속 노력해야 합니다.

어려운 유형도 때로는 모든 문장을 다 읽지 않아도 풀 수 있어요. 예를 들어, 학생들이 많이 어려워하는 빈칸 문제도 빈칸을 포함한 문장이 주제문인 경우가 있어요. 빈칸을 포함한 문장을 먼저 해석해 본 후 주제문을 찾는 문제라면 읽어 내려가며 주제를 파악해야 해요. 이때 모든 문장을 똑같은 비중으로 읽지 말고, 주요 문장을 꼼꼼히 보는 노력이 필요합니다. 답의 단서가 되는 몇 개의 주요 문장만 읽고도 답이 나오는 경우가 있어요. 다만, 어려운 유형일 경우 추상적인 내용의 지문이 나오는 경우가 많아 보충 설명을 읽어야 이해가 쉬울 때가 많아요. 또, 어휘 문제나 무관한 문장 고르기, A-B-C 순서, 문장 삽입 문제는 모든 문장을 꼼꼼히 읽어야 풀리는 경우도 많습니다.

다시 한번 말하지만, 영어 실력을 높여야 문제 풀이 능력도 좋아집니다. 단순히 '주제문만 읽어라', '근거의 위치가 여기다'라는 식의 요령만으로는 부족합니다. 주제문과 단서의 위치를 찾아도 해석을 제대로 하지 못하면 정답을 맞힐 수 없습니다. 단어 암기와 해석을 꾸준히 하고 답의 근거로 문제를 푸는 연습을 해야 합니다. 문장을 주요 문장과 보충 설명하는 문장으로 구분해 글의 구조를 보는 연습도 꾸준히 하면서 말이죠.

핵심 요지를 파악하고도 문제를 틀리는 경우가 있습니다. 이유가 무엇일까요? '매력적인 오답의 함정'에 넘어갔기 때문입니다. 출제자들은 학생들의 불완전한 실력을 아주 잘 알고 있답니다. 제대로 해석하지 않고 어설픈 단어 짜집기로 탄생하는 학생들의 해석도 잘 알고 있지요. 정답이 친근한 강아지라면, 매력적인 오답은 강아지와 생김새는 비슷하지만 나를 잡아먹는 늑대입니다. 여기서 포인트는 '생김새가 비슷하다는 것'이에요. 오답은 지문에 있는 단어나 정답과 상당히 유사한 단어로 학생들을 유혹합니다. 정답과 오답은 꼼꼼히 보지 않으면 비슷해 헷갈립니다. 개와 늑대도 대충 보면 비슷한 것처럼, 정답과 오답도 한 끗 차이입니다. 지문도 정확히 읽고 선택지도 반드시 제대로 해석해야 해요.

선택지를 끝까지 읽지 않는 학생도 생각보다 많습니다. 답을 3번으로 선택한 뒤 4번과 5번은 대충 읽거나 아예 읽지 않는 식이지요. 선택지는 단어 하나까지도 아주 꼼꼼히 읽어야 합니다. 특히 수동태를 능동태로 해석하는 경우는 해석이 정반대가 될 수 있어 주의해야 해요. 틀린 문제를 잘 살펴보면 선택지도 본문의 단어를 사용한 경우가 많아요. 선택지가 어디서 나왔고 왜 나왔는지까지 스스로 분석한다면 출제자의 의도에 한 걸음 더 다가갈 수 있어요. 곰곰이 생각해 봐도 오답인 이유를 잘 모르겠다면 선생님께 가져가 물어보세요. 적극적인 행동이 내 성적을 바꿉니다.

과외 vs 학원 vs 독학, 나에게 맞는 전략은?

과외의
장점과 단점

여러분은 현재 어떤 방식으로 공부하고 있나요? 부족한 과목을 과외로 공부하는 학생도 있을 것이고, 학원에 다니거나 독학을 하는 학생도 있을 것입니다. 저는 학생일 때 독학으로 공부한 적도 많았고, 학원 강사와 과외 강사로 일한 경험도 있기에 세 방식의 장단점을 잘 알고 있습니다. 각각의 방식을 살펴보고 자신에게 맞는 방식을 생각해 봅시다.

세 가지 공부 방식을 살펴보기 전에 한 가지 생각해야 하는 것이 있어요. 과외라고 다 같은 과외가 아니고 학원도 마찬가지랍니다. 같은 학원일지라도 가르치는 선생님에 따라 나와 맞을 수도, 안 맞을 수도 있습니다. 또한, 독학도 사람마다 공부 방법이 다릅니다. 선생님, 수업 횟수, 스타일이 모두 다르니 이 장에서는 일반적인 공통점을 다룬다는 것을 명심하세요.

그럼 먼저 과외를 살펴볼까요? 과외의 가장 큰 특징은 일대일이나 소수를 중심으로 한다는 것입니다. 보통은 1명의 선생님이 주 2회, 2시간씩 가르칩니다. 물론 개인의 상황에 따라 시간이나 횟수는 달라집니다. 여기서는 그룹 과외보다는 일대일 과외를 중심으로 이야기하겠습니다.

과외의 가장 큰 장점은 내가 알 때까지 선생님이 하나씩 가르쳐 준다는 점이에요. 학원이나 인터넷 강의의 경우 매번 질문하기가 쉽지 않지만, 과외는 다릅니다. 일대일이기에 100번 질문해도 100번 설명을 들을 수 있어요. 그래서 질문이 많은 학생이 과외 수업을 좋아하는 경향이 있습니다. 또, 어려운 부분이 별로 없는 최상위권도 과외를 좋아하는 편입니다.

제 경험상 과외 효과는 하위권 학생들이 가장 좋았습니다. 하위권 학생들은 학원에서도 수업 내용을 따라가기 벅찬 경우가 많기 때문이지요. 학원에서 레벨 테스트를 하고 수업을 진행한다고 하더라도 부족한 개념이 매우 많기 때문에 학원 수업 내용이 어려울 수 있어요. 이 경우 과외를 강력하게 추천합니다. 내 수준에 맞춰 수업을 진행하기에 시간을 낭비하지 않는 수업을 들을 수 있습니다.

수업 진도를 내게 맞출 수 있다는 장점도 있어요. 진도가 너무 빠르거나 느린 경우 선생님에게 요청해 조절할 수 있다는 말이지요. 선생님마다 수업 진도를 나가는 스타일이 다릅니다. 과외에서는 진도 속도를 조정할 수 있으니 반드시 선생님과 상담해 보세요. 또, 이전에 배웠던 부분을 잊어버렸다면 과외 선생님에게 솔직히 말하고 복습할 수도 있어요. 사람이기에 한 번에 이해하지 못할 수 있습니다. 선생님에게 용기 내어 솔직히 이야기하면 차근차근 다시 설명해 주실 거예요.

또 다른 장점은 시간을 절약할 수 있다는 점입니다. 같은 1시간이라 할지라도 학원 수업 1시간과 과외 수업 1시간은 효율이 다릅니다. 왜일까요? 과외 수업에서는 내가 틀린 부분과 어려워하는 부분만을 집중적으로 다루기 때문입니다. 학원에서는 내가 맞은 문제라도 설명하는 경우가 있고, 또 반대로 나는 틀렸지만 대다수가 맞은 문제여서 넘어가기도 하지요. 이런 관점에서 보면 과외 수업은 1시간 동안 개인적으로 부족한 부분을 압축적으로 배울 수 있기 때문에 시간을 절약할 수 있습니다.

선생님과 많은 대화를 할 수 있는 것도 장점이에요. 속 시원히 공부 고민을 털어놓을 수 있고, 영어 공부뿐만 아니라 다른 과목 공부도 물어볼 수 있어요. 저는 항상 제자들에게 스터디 플래너를 가져오라고 해서 영어 외에 다른 과목도 균형 잡힌 공부를 하는지, 생활 습관은 어떠한지 살펴보고 있어요. 스스로는 객관적으로 보기가 힘들지만 과외 선생님과 대화를 하다보면 본인의 공부 습관을 잘 살펴볼 수 있습니다. 꼭 공부 고민이 아니더라도 다양한 고민을 털어놓을 수 있는 나만의 든든한 조력자가 생기는 것도 매력이지요.

과외는 개별적인 요청도 가능합니다. 제가 가르친 제자 중 하나인 E는 사회 탐구 인터넷 강의를 듣고 있었는데 꾸준히 수업 듣는 걸 힘들어했어요. E는 저와 인터넷 강의를 꾸준히 듣기로 약속했고 수업 때마다 교재에 필기한 것을 제게 확인받았습니다. 저는 영어 선생님이지만 인터넷 강의 진도 확인 정도는 어렵지 않게 도와줄 수 있었어요. 이렇듯 나만의 선생님이기에 도움받을 수 있는 부분이 생각보다 많답니다.

과외의 단점도 살펴볼까요? 단점이라기보다는 유의할 점이라고 생각하면서 읽어 보세요.

과외에서는 선생님과 내가 한 팀이에요. 두 명의 한쪽 발을 같이 묶고 달리는 이인삼각 달리기처럼 한 명이 뛰지 않으면 다른 한 명이 아무리 열심히 뛰어도 속도를 내지 못합니다. 선생님이 아무리 의욕적으로 가르쳐도 학생이 숙제나 공부를 하지 않으면 수업에서 진도 나가기가 쉽지 않아요. 학생이 열심히 뛰면 효과 만점이지만 주저앉아버리면 선생님도 발이 묶입니다. 수업 진도가 학생의 의지에 달려 있다는 말이지요.

때로는 선생님과 너무 친해져 쉽게 해이해지기도 합니다. 선생님과 장난치면서 논다거나 수다를 떨며 수업 시간을 낭비하고 있다면 과외가 아닌 다른 방법을 찾거나, 다른 선생님을 만나는 것도 고려해야 합니다.

독학이나 학원에 비해 상대적으로 큰 비용이 드는 점도 유의해야 합니다. 아직 학생이기에 부모님의 도움을 받을 수밖에 없으니까요. 비용이 부담된다면 소수를 중심으로 하는 그룹 과외로 비용을 낮출 수 있습니다.

나는 과외 수업이 잘 맞는 학생일까요?
(8개 이상이라면 과외 수업을 고려해 보세요.)

체크 사항	✔
1. 학교나 학원 수업 내용이 잘 이해되지 않는다.	
2. 학원을 오랜 기간 여러 군데 다녔지만 맞지 않았다.	
3. 옆에서 지켜보는 누군가가 있으면 더 공부한다.	
4. 공부 고민을 들어 주는 존재가 필요하다.	
5. 틀린 문제만 짚어 주는 효율적인 수업을 듣고 싶다.	
6. 기초가 매우 부족하다.	
7. 내가 어느 부분이 부족한지 잘 모르겠다.	
8. 나를 잘 알아 주고 대화를 많이 해 주는 선생님이 필요하다.	
9. 친구들과 듣는 수업보다는 개인적인 수업을 원한다.	
10. 친구와 같이 수업을 들으면 경쟁 스트레스가 심하다.	
11. 질문이 많은 편이다.	
12. 집에서 공부하는 게 가장 편하다.	
13. 필요한 부분을 선생님께 요구할 수 있다.	
14. 학원까지 가는 시간과 에너지가 아깝다.	
15. 금전적으로 과외비를 지원받을 수 있다.	

학원의
장점과 단점

학원의 장단점도 하나씩 살펴봅시다. 모두가 잘 알고 있듯 학원에서는 다수의 학생이 함께 한 수업을 듣습니다. 나만의 커리큘럼으로 진행되어 진도가 유동적으로 바뀌는 과외와 달리 학원에서는 한 반의 전체적인 진도 상황을 학생 스스로 따라가야 합니다. 물론 요즘은 과외식 시스템을 적용한 학원도 많이 생겼지만, 보통의 학원은 정해진 커리큘럼으로 수업을 진행합니다. 학생은 이 시스템에 적응해야 하지요. 이런 시스템의 유무가 학생 성향에 따라 단점으로 작용할 수도, 장점으로 작용할 수도 있습니다.

예를 들어 볼게요. 내향적이고 꼼꼼하고 차분한 성격의 W라는 학생이 있습니다. W는 문장의 기초적인 구조를 잘 모르는 학생이에요. W는 부족한 영어 실력을 채우기 위해 대치동의 유명 학원을 찾아갑니다. 레벨 테스트를 거쳐 들어간 반은 이미 문법책의 중간 부분을 수업하고 있어요. W는 앞부분 수업을 듣지 않았기 때문에 학원 수업 역시 버겁습니다. 아직 기초 실력이 부족한 W는 수업 내용을 반밖에 이해하지 못해요. 꼼꼼히 알 때까지 문제를 붙드는 W에겐 선생님의 강의 속도도 너무 빠릅니다. W는 질문이 많은 편인데 그 질문을 모두 하면 수업 진도에 방해가 될 것 같아 엄두가 나지 않아요. W는 강의실 맨 뒷자리에 앉아 오늘도 그저 학원 수업을 듣습니다.

사교성이 좋고 활발한 성격을 가진 P라는 학생은 영어 실력에 부족함을 느껴 가장 친한 친구가 다니는 학원을 따라가기로 합니다. P도 따라간 학원의 수업 내용이 이해되지 않아요. 아직 수업을 다 따라가기는 힘들지만, 친구들이 옆에 있으니 평소보다 더 많이 공부하게 됩니다. 친구들과의 은근한 경쟁도 재미있어요. 문법을 몰라도 단어만큼은 친구를 이겨 보겠다는 생각으로 열심히 공부합니다. 모르는 문법은 먼저 수업을 들었던 친구에게 물어보기도 합니다. 친구들과의 단체 생활이 재미있어 꾸준히 다니다 보니 점점 학원 수업도 이해가 되기 시작했어요.

이 두 친구 중에 학원 시스템에 더 맞는 학생은 누구일까요? P입니다. 내향적이라서 학원이 안 맞고, 외향적이라서 학원이 맞는다는 말은 아닙니다. 다만, 사람마다 선호하는 학습 스타일이 다르니 자신의 학습 스타일을 잘 파악하고 결정하는 것이 좋아요. P처럼 단체 생활 자체에 흥미를 느끼는 학생이라면 다 같이 수업을 듣는 학원 시스템이 공부에 더 큰 의욕을 불어 넣을 수 있어요. W는 꼼꼼하고 세심했고 질문도 많은 편이었어요. 이 경우 세세하게 알려 주는 과외가 더 맞는 학습 방법이 될 수 있어요.

　앞서 이야기했듯, 학원은 짜여진 시스템이 있습니다. 학생이 수업에 빠져도 진도가 나가지요. 따라서 진도가 쭉쭉 나가고 수업도 속도감 있게 진행됩니다. 수업 듣는 학생이 여러 명이기에 수업 끝나고 친구들끼리 퀴즈를 내는 방식의 아웃풋 공부도 쉽게 적용할 수 있어요. 친구들과 함께 공부한다는 안도감도 느끼고 공감대를 형성하며 공부할 수 있습니다. 또, 친구들과 함께 수업을 들으니 경쟁할수록 더 열심히 공부하는 학생들은 공부량이 많아지기도 합니다. 교육비도 상대적으로 적어 부담이 덜하다는 장점도 있어요.

　그럼 학원의 단점은 무엇일까요? 학원의 단점은 과외의 장점과 같다고 해도 무방합니다. 과외는 커리큘럼이 한 명에게 맞추어져 있습니다. 내가 틀린 문제만을 집중적으로 검토할 수 있지요. 반대로 학원에서는 내가 맞은 문제라도 설명을 들어야 해요. 또, W의 경우처럼 수업 커리큘럼 중간에 참여하게 되면 앞부분 내용은 배우지 못한 채 진행되고 있는 수업에 내가 맞춰 공부해야 합니다. 모르는 부분은 따로 질문하여 이해하거나, 인터넷 강의나 문제집 등으로 독학해야 합니다. 그런데 학원에 처음 들어가게 되면 적응하고 숙제하느라 스스로 부족한 부분을 메울 시간이 부족합니다. 조금 힘들어도 모르는 부분은 자기 주도적으로 공부하는 노력이 따로 필요하겠지요.

단어 공부도 학생과 학원의 수준이 다른 경우가 참 많습니다. 학원에서는 고2 반이기에 고2 수준의 단어를 숙제로 내주는데, 학생은 중학 수준의 단어도 모르는 경우가 많아요. 이때는 반드시 자신의 실력을 검토해 보고 내 수준에 맞는 단어장 공부를 병행해야 합니다. 또, 학원에는 많은 친구가 있기에 친구들과의 관계에 지나치게 감정을 소모하거나 경쟁 스트레스를 받기도 합니다. 이 역시 사람마다 장점 또는 단점이 될 수 있어요.

학원의 형태는 생각보다 다양합니다. 동네에 있는 작은 학원부터 대형 학원까지 모두 시스템이 다릅니다. 따라서 학원을 고를 때 학원의 규모와 거리도 반드시 고려해야 합니다.

동네에 있는 작은 학원은 주로 소규모 수업이 진행됩니다. 학생 수가 적어 선생님과 더 친밀한 의사소통이 가능하고 선생님이 학생을 좀 더 자세히 가르칠 수 있어요. 과외보다 저렴한 수업료로 친밀하고 세심한 교습을 받고 싶은 학생들에게 적합합니다. 또, 집과 가까워 이동할 때 드는 시간과 체력을 아낄 수 있어요. 유의할 점은 동네 학원은 학생 수가 적어 한 반에 여러 학교 학생들이 있는 경우가 꽤 있다는 것입니다. 이 경우 한 명의 선생님이 여러 학교의 진도를 모두 설명해야 할 때가 있어요. 따라서 수업에서 자신의 학교 진도를 충분히 챙겨 주는지도 잘 살펴봐야 합니다. 한 반에 여러 학교 학생들이 섞여 수업하는 곳보다는 학교별로 반이 나누어져 있는 학원을 더 추천합니다.

대형 학원은 수업 능력이 뛰어난 유명 강사가 수업하는 경우가 많아요. 유명 강사의 수업을 받고 싶은 학생이라면 대형 학원이 적합합니다. 또, 시스템이 더 체계적이므로 안정적인 시스템 안에서 공부하고 싶은 학생에게도 추천합니다. 다만, 특정 학원가에 살고 있지 않은 이상 이동할 때 드는 시간과 노력도 고려해야 합니다.

학원의 규모를 떠나 나에게 맞는 선생님인지도 확인해야 합니다. 학원 측에 요청해서 수업을 청강해 보고 결정하는 것도 방법이에요. 아무리 유명 강사라도 나에게 맞는 선생님이 아니라면 수업 시간이 지겹고 힘들 수 있어요. 무엇보다도 꾸준하게 공부할 수 있는지가 관건이에요. 내가 어떤 수업을 들어야 오래 꾸준히 공부할 수 있을지 생각해 봅시다. 여러분은 학교에서 여러 선생님의 수업을 들어 봤기에 본인에게 더 잘 맞고 유익한 수업을 구분하는 능력이 있답니다. 단순히 재미의 측면만 고려해서는 안 됩니다. 또, 선생님의 수업 이외에도 학원의 시스템을 꾸준히 감당할 수 있을지, 거리가 적당해서 학교생활과 병행할 수 있을지도 살펴보세요.

나는 학원 수업이 잘 맞는 학생일까요?
(8개 이상이라면 학원 수업을 고려해 보세요.)

체크 사항	✔
1. 단체 생활을 하는 데 무리가 없다.	
2. 과외를 오랜 기간 해 봤지만 맞지 않았다.	
3. 경쟁하면 더 많이 공부한다.	
4. 체계적인 시스템과 정형화된 수업을 좋아한다.	
5. 친구와 같이 수업을 듣고 싶다.	
6. 어느 정도 기초가 잡혀 있어 단체 수업을 듣는 데 문제가 없다.	
7. 친구와 공부하면 더 공부가 잘된다.	
8. 학원까지 이동할 체력과 시간이 있다.	
9. 규칙성 있게 진도 나가는 수업이 좋다.	
10. 과외보다 수업 횟수가 더 많았으면 좋겠다.	
11. 질문이 생기면 따로 선생님을 찾아가는 편이다.	
12. 집에서는 공부가 잘 되지 않는다.	
13. 규칙을 좋아하는 편이다.	
14. 인간관계에 크게 감정 소모를 하지 않는 편이다.	
15. 금전적으로 학원비를 지원받을 수 있다.	

독학의
장점과 단점

학생들의 궁극적인 목표는 혼자 공부하는 힘을 기르는 것입니다. 과외나 학원에만 의지하지 말고 스스로 날개를 펴는 훈련을 해봅시다. 모든 과목 공부를 과외, 학원에서 할 순 없으니 혼자 공부하는 힘을 반드시 길러야겠지요. 또, 가정 환경상 독학을 할 수밖에 없는 친구들도 많아요. 꼭 학원과 과외라는 사교육 시스템을 이용하지 않아도 충분히 공부할 수 있습니다. 이번에는 독학의 장단점을 살펴볼게요.

먼저, 독학은 두 가지 방법이 있어요. 인터넷 강의 등을 이용해 추가로 수업을 듣는 방법과 강의 없이 자습서와 문제집으로 문제를 풀고 이해하는 방법입니다. 과목에 따라, 본인의 수준에 따라,

과목 특성에 따라 적절한 방법을 취해야 합니다.

먼저 인터넷 강의 등 추가 수업을 듣는 전략을 살펴보겠습니다. 인터넷 강의의 가장 큰 장점은 시간과 장소에 구애받지 않는다는 점입니다. 인터넷이 연결되기만 하면 어디서든 나에게 맞는 수업을 찾아 들을 수 있어요. 유료 강의도 좋지만, EBS 같은 훌륭한 무료 강의도 많아 비용도 크게 절감할 수 있습니다. 또, 전체 강의를 다 듣지 않고 틀린 문제와 부족한 부분을 골라 선택적으로 들을 수 있다는 점도 장점입니다. 요즘에는 EBS 교재의 문제 번호를 입력하면 바로 그 문제의 강의를 들을 수도 있어요.

인터넷 강의를 통해 개념을 이해한 후 관련 문제를 찾아 아웃풋 공부를 하는 방법은 이론적으로는 거의 완벽에 가까운 학습법입니다. 그런데 성공한 학생을 거의 찾아볼 수 없습니다. 왜 그럴까요? '언제라도 들을 수 있다'라는 장점이 반대로 '지금 꼭 듣지 않아도 된다'라는 단점이 되기 때문입니다. 하루에 한 개씩 강의를 듣겠다는 야심 찬 의지는 한 달도 채 되지 않아 사라집니다. 특히 수행평가 시즌에는 우선순위가 밀리고 밀려 결국엔 절반도 듣지 못하는 일도 허다합니다.

그럼 인터넷 강의를 통한 독학 전략은 버려야 할까요? 그렇지 않습니다. 단점은 얼마든지 보완할 수 있도록 완강할 수밖에 없는 시스템을 만들어야 해요. 여기서 필요한 것은 아이디어입니다. 혼자서 완강하기 힘들다면 친구와 같이 듣고 서로 확인해 주면 어떨까요? 부모님과 약속하고 보상을 받거나 친구와 내기를 해서 이기는 것을 목표로 하는 것도 좋아요. 스터디 그룹을 만들어서 다 같이 수업을 들어도 좋고요. 이 밖에도 여러 아이디어가 많답니다. 여기서 포인트는 '다른 사람들이 확인해야 한다'는 점이에요. 혼자만의 약속은 지키기가 정말 어렵거든요. 그렇기 때문에 조금 더 강력한 규제가 있어야 합니다. 학원이나 과외에서는 지켜보는 선생님이 있기에 어느 정도라도 공부하게 됩니다. 독학에서도 나를 지켜보는 나만의 규제가 있어야 해요. 단순히 계획에만 머무르지 않기 위해 친구, 가족, 학교 선생님을 총동원해 나만의 시스템을 구축해 보세요. 분명히 더 속도감 있게 인터넷 강의를 들을 수 있을 거예요.

강의 없이 자습서와 문제집만으로 독학하는 전략도 살펴볼게요. 이 전략의 최대 장점은 인풋 공부보다 아웃풋 공부의 양이 절대적으로 늘어난다는 점입니다. 실질적인 점수 향상은 아웃풋 공부를 얼마나 많이 하느냐에 달려 있다고 했습니다. 문제집을 반복적으로 풀면 내가 아는 부분과 모르는 부분이 명확해지고 효과적인 학습을 할 수 있어요. 수업을 듣는 대신 더 많은 문제를 풀 수도 있습니다. 시간도 효과적으로 쓸 수 있고 스스로 이해하기 위해 생각하는 시간이 늘어나기에 사고력과 추론 능력도 길러집니다.

이렇게 수업 없이 스스로 공부하는 전략에도 단점이 있습니다.

우선 아직 배우고 있는 단계이기에, 어느 부분이 더 중요하고 덜 중요한지 구분하기가 쉽지 않습니다. 모두 같은 비중으로 공부하게 되지요. 문제집에도 흐름이 있습니다. 자주 출제되는 부분과 아닌 부분이 분명히 존재합니다. 중요한 부분에 시간을 많이 투자해야 해요. 따라서 이 학습 전략은 학원, 과외, 인터넷 강의로 개념을 한 바퀴 공부한 후 적용하는 것을 추천합니다. 수업으로 전체적인 맥락을 파악한 후 문제집과 자습서로 공부하면 훨씬 더 효율적인 학습을 할 수 있어요.

문제를 풀다 보면 분명히 해설지를 봐도 모르는 부분이 나옵니다. 이 경우에는 학교 선생님에게 질문하거나 인터넷에 문제를 올려 답변을 들어도 좋습니다. 아니면 학교에서 공부 잘하는 친구를 찾아가 질문해도 좋아요. 모르는 부분은 그냥 넘기지 말고 꼭 누군가에게 도움을 요청하세요.

지금까지는 문법이나 독해 공부를 기준으로 설명했어요. 그럼 영어 공부의 핵심인 단어 공부는 어떻게 독학해야 할까요? 사실 다른 공부와 크게 다르지 않아요. 계획을 세우고 단어 공부를 할 수밖에 없는 시스템을 만드는 것이죠. 저는 학교 다닐 때 친구와 단어장을 하나 같이 사서 매일 아침 서로에게 퀴즈를 내며 공부했답니다. 다섯 개 이상 틀리면 매점 빵으로 벌금을 내야 했어요. 이런 규칙이 단어 실력 향상에 큰 도움이 되었습니다. 여러분도 꼭 한번 해 보세요.

결국 우리가 도달해야 하는 지점은 바로 독학의 경지입니다. 현재 과외나 학원에 다녀도 독학을 최종 목표로 두고 수업을 들어 보세요. 대학 진학 후에는 혼자서 공부하는 힘이 더욱 중요해집니다. 저는 사교육 시장에서 제자들을 가르치고 있지만, 제자들에게 늘 이야기합니다. 결국은 스스로 공부하는 경지에 올라야 한다고 말이죠. 스스로 공부하는 힘이 있으면 어떤 공부라도 자신 있게 할 수 있습니다. 이를 위해서는 스스로 목표를 세우고 달성하는 전략을 세워야 합니다. 여러 전략이 있겠지만 저는 다른 사람과의 약속을 추천합니다. 같이 하는 공부는 외롭지 않습니다. 또, 서로에게 큰 동기 부여가 됩니다.

더 이상 독학이 어렵지 않다면 여러분은 거의 다 온 것입니다. 성적은 내가 가는 발자국을 따라옵니다. 다만 한 발자국 늦게 따라오기에 내가 먼저 부지런히 걸어야 하지요. 매일 매일 꾸준하게 공부하다 보면 어느새 내가 목표했던 점수가 따라올 거예요. 아득히 높아 보이는 산 정상만을 보지 말고 지금 내 한 걸음에만 집중하세요. 지금 이 순간을 충실히 살아 보세요. 좀비 같던 영어가 어느새 친구가 되어 있을 테니까요.

나는 독학이 잘 맞는 학생일까요?
(8개 이상이라면 독학을 고려해 보세요.)

체크 사항	✔
1. 학교 수업이 더 이상 어렵지 않다.	
2. 스스로 공부할 수 있다는 자신감이 생겼다.	
3. 스터디 플래너를 꾸준히 쓰고 있다.	
4. 학교 선생님께 질문하는 게 어렵지 않다.	
5. 나에게 맞는 교재가 무엇인지 잘 알고 있다.	
6. 인터넷 강의를 듣는다면 완강할 자신이 있다.	
7. 매일 스스로 공부하는 시간이 3시간 이상이다.	
8. 나를 도와줄 조력자를 찾을 수 있다.	
9. 과목별 시간 분배를 잘하는 편이다.	
10. 쉬운 인풋 공부보다 어려운 아웃풋 공부를 더 많이 한다.	
11. 개념 강의를 많이 들어 문제 풀 시간이 많이 필요하다.	
12. 주말에도 6시간 이상 공부하는 편이다.	
13. 학원, 과외를 해 봤지만 맞지 않았다.	
14. 혼자서 공부하면 더 오래 공부할 수 있다.	
15. 영역별로 개념을 잘 알아 중요한 부분을 선별할 수 있다.	

공부력 향상을 위한
꿀팁

최적의
시간 관리법

공부해야 할 과목은 산더미지만 하루에 주어지는 시간은 24시간 뿐입니다. 특히 시험 기간에 매번 할 것은 많은데 시간이 모자란 것 같다는 생각이 들지 않나요? 상위권으로 도약하기 위해서는 시간을 효율적으로 관리하는 능력이 꼭 필요합니다.

다닐 알렉산드로비치 그라닌Daniil Alexandrovich Granin의 《시간을 정복한 남자, 류비셰프》(이상원, 조금선 역, 황소자리, 2020)를 보면, 시간 관리의 달인이었던 류비셰프의 비법이 나옵니다. 류비셰프는 매일 8시간 이상을 자고 운동, 산책을 즐기면서도 70권의 학술 서적과 총 1만 2,500여 장에 달하는 연구논문을 써낸 구소련의 과학자입니다. 그는 일과에 걸린 시간을 분 단위로 촘촘히 측정하여 기록하는 습관이 있었다고 합니다. 그는 왜 자신의 시간 사용을 꼼꼼하게 기록했을까요? 류비셰프는 기존 경험의 분석을 통해 올바른 계획을 짤 수 있다고 말합니다.

연간 계획이나 월간 계획을 작성할 때는 과거의 경험을 바탕으로 해야 한다. 예를 들어 내가 어떤 책 한 권을 읽어야 한다고 치자. 경험에 따르면 나는 한 시간에 20~30쪽을 읽을 수 있다. 이런 기존의 경험을 바탕으로 계획을 짜는 것이다. (중략) 혹은 업무 능력이 저하되어 계획을 제대로 이행하지 못할 때도 있고 불가피한 외부 요인이 발생할 때도 있다. 하지만 결론은 내가 앞으로도 계속 시간 계획을 짤 것이라는 사실이다. 내가 이루어낸 업적들은 대부분 시간 통계 방법을 통해 얻은 것이다.

-《시간을 정복한 남자, 류비셰프》90~91쪽

류비셰프처럼 시간을 정복하고 싶은가요? 시간 관리를 어려워하는 친구들은 자신이 시간을 어떻게 사용하는지 정확하게 파악하지 못합니다. 안다고 생각해도 막상 살펴보면 실제와 다른 경우가 무척 많습니다. 그래서 저는 스터디 플래너를 활용하여 하루 시간 사용 내역을 적어 보는 것을 추천합니다. 많은 친구가 자신이 시간을 어떻게 사용하는지 정확히 모르는 채로 무턱대고 계획부터 잡습니다. '토요일에 영어 3시간, 수학 3시간' 이런 식으로 말이에요. 하지만 보통 이런 계획들은 실패하기 마련입니다. 현실적이지 않고 이상적이기만 한 계획이기 때문이지요. 특히 공부 습관이 잡혀 있지 않은 친구들은 계획을 짜기 전에 먼저 본인의 시간 사용을 분석해 보세요. 하루 동안 했던 모든 행동을 소요 시간과 함께 최대한 자세하게 적어 봅시다. '등교 준비 30분, 유튜브 시청 1시간 40분' 이렇게 구체적으로 말이지요. 적다 보면 요일마다 하는 행동과 무슨 요일에 더 공부했는지 파악할 수 있습니다.

시간 기록은 주중보다 주말에 빛을 발합니다. 학교에 있는 시간이 많은 주중은 시간을 파악하기가 상대적으로 쉽습니다. 그러나 시간이 통으로 주어지는 주말의 경우, 오히려 시간을 제대로 활용하지 못합니다. 시간이 많아지면 더 효율적으로 쓸 것 같은데 아니라는 말이지요. 주말에는 더욱 자세하게 시간을 기록해 보세요. 하루 끝에 한꺼번에 하지 말고 자주자주 기록해서 정확도도 높여 보세요.

저는 오전과 오후 그리고 밤 이렇게 세 번에 걸쳐 시간을 기록합니다. 조금만 지나도 '이때 뭐 했지?' 하며 까먹거든요. 최대한 자세하게 적기 위해서는 자주 돌아봐야 합니다. 시간을 기록하는 습관을 먼저 들이고 계획을 짜 봅시다. 공부 계획은 스터디 플래너에 최대한 구체적으로 적어야 합니다. 계획을 자세하게 짜는 법은 다음 장에서 알려드릴게요.

시간을 제대로 활용하려면 자투리 시간 이용이 필수입니다. 특히 영어는 암기 과목이므로 자투리 시간을 활용하기가 좋습니다. 헨리 뢰디거의 《어떻게 공부할 것인가》라는 책에서는 시간 간격을 둔 복습이 기억 지속의 비결임을 알려 주고 있어요. 단어 30개를 1시간 통으로 암기하는 것보다 오전, 오후, 밤에 20분씩 3번 암기하는 게 더 효과적입니다.

하루를 자세히 살펴보면 등하교 시간이나 학교 도착 후 10분 같은 자투리 시간이 많을 거예요. 그때를 이용해서 영어 공부를 해 봅시다. 특히 등하교 시간에는 영어 듣기 공부를 추천해요. 책을 볼 필요도 없고 귀에 이어폰만 꽂고 있으면 되니까요. 등하교 시간만 해도 적게는 30분, 많으면 1시간 이상을 투자할 수 있습니다. 보통 영어 듣기평가가 1회당 20분 정도이니 같은 회를 하루에 3번이나 반복해 들을 수 있지요.

영어 듣기 실력이 부족한 하위권이라면 풀어 본 문제를 반복해서 듣기를 추천합니다. 걷거나 버스를 타는 와중에 새로운 내용을 들으면 집중하기 어렵기 때문이에요. 시험과 관련 없는 영화나 유튜브 영어 듣기는 추천하지 않습니다. 시험을 앞둔 상황에서는 우선 모의고사 기출문제를 듣는 것이 중요합니다.

등하교 시간 말고도 등교 준비 시간이나 옷 갈아입는 시간도 기록해 보면 하루에 1시간 이상일 때가 많습니다. 이때도 마찬가지로 영어 듣기 기출문제를 들어 보세요. 입으로 같이 따라 하는 섀도잉shadowing을 해 보면 더욱 좋습니다. 아직 섀도잉이 어려워도 괜찮아요. 그저 들어 보는 것만으로도 영어 듣기가 아주 친숙해질 거예요. 이런 식으로 영어 듣기 시간을 늘려 보세요.

자투리 시간을 얘기하다 보면, 많은 학생이 쉬는 시간 공부법을 알려 달라고 합니다. 여러 선생님이나 유명 인사가 쉬는 시간에도 공부하라고 이야기하니까요. 하지만 저는 쉬는 시간에는 공부를 하면 안 된다고 생각합니다. 쉬는 시간은 말 그대로 쉬는 시간이에요. 수업 시간이 50분 이내인 것은 뇌과학적으로도 일리가 있습니다. 인간의 집중력은 한계가 있거든요. 쉬는 시간에 잘 쉬어야 수업 시간에 집중할 수 있어요. 자투리 시간과 쉬는 시간은 구별하세요. 쉬는 시간에는 친구들과 수다도 떨고 화장실도 가고 산책도 하세요. 통으로 공부하는 주말에도 마찬가지입니다. 스스로 쉬는 시간을 설정해 놓고 그때 쉬어야 지속적인 학습을 할 수 있습니다.

오전과 오후 시간을 다르게 활용하는 것도 하나의 방법입니다. 오전은 공부하기에 적합한 시간이에요. 아침 1시간이 밤 2시간 정도의 효율을 내지요. 오전에는 밤보다 상대적으로 덜 지쳐 있고 머리가 맑아요. 또 공기도 상쾌하고 집중력도 높습니다. 밤보다 오전에 훨씬 더 많은 영단어를 암기할 수 있어요. 아주 조금이라도 좋으니 아침에 단어 공부하는 습관을 들여 봅시다. 분명 시간을 훨씬 효율적으로 사용할 수 있을 거예요.

시간 관리, 어렵게 생각하지 말고 딱 세 가지만 기억하세요. 첫째, 본인의 시간 사용을 자세히 기록해 그것을 토대로 계획을 짠다. 둘째, 자투리 시간에 할 수 있는 공부를 한다. 셋째, 암기가 필요한 공부는 집중력이 좋은 오전 시간을 활용한다. 이 세 가지만 알아도 내 시간을 잘 쓸 수 있답니다.

공부할 때
자꾸 딴짓하게 된다면?

① 공부할 때 스마트폰은 잠시 꺼 두기

여러분이 뮤지컬 공연을 보고 있다고 가정해 봅시다. 현란한 볼거리도 많고 음향도 웅장합니다. 내용도 점점 흥미진진해져서 결말이 궁금해지기 시작했어요. 바로 그때, 무대에 선생님이 나타나더니 문제집을 주며 영어 독해 문제를 하나 풀라고 합니다. 자, 이런 상황에서 우리는 문제를 풀 수 있을까요?

사실 이런 일은 우리 책상에서 자주 벌어집니다. 단지 무대의 규모만 작아진 것뿐이지요. 항상 쥐고 있는 스마트폰이 바로 그 주인공입니다. 스마트폰으로 우리는 무엇이든 할 수 있습니다. 영화, 드라마, 예능은 물론이고 5분짜리 짧은 유튜브 영상, 귀여운 강아지 사진, 웹툰을 보고 친구와 카톡도 할 수 있지요. 말 그대로 '스마트'한 스마트폰을 우리는 항상 분신처럼 가지고 다닙니다. 심지어 공부할 때도 말이에요.

스마트폰을 가지고 있는 것만으로도 딴짓을 할 가능성이 커진 다는 것을 아시나요? 스마트폰은 학생들의 공부를 방해하는 최고의 딴짓 주범입니다. 재미도 재미지만 이 딴짓 주범의 또 다른 특징은 바로 '연속성'이 있다는 거예요. 뮤지컬을 볼 때 다음 내용이 궁금해서 계속 보게 되는 것처럼 스마트폰도 마찬가지입니다. 카톡 대화는 계속 이어지고, 웹툰은 다음 화가 기다리고 있고, 유튜브는 어찌 그리 내 관심사를 잘 아는지 눈을 뗄 수 없게 만듭니다. 10분만 보려고 했던 스마트폰을 결국 2시간 후에 놓게 되는 것은 다 이러한 이유 때문입니다. 아마 다들 경험해 봤을 거예요.

어떻게 해야 스마트폰과 멀어질 수 있을까요? 일단 물리적으로 거리를 두는 것이 중요합니다. 스마트폰을 보지 않으려고 노력하기보다 실제로 내 옆에서 치워야 한다는 말이에요. 내 방 책상에서 공부한다면 스마트폰은 거실에 두고, 독서실에서 공부한다면 일정 시간까지는 가방 속에 넣어 두세요. 나와 스마트폰의 거리가 멀면 멀수록 효과가 좋습니다. 카톡 하나 보려고 몸을 일으키거나 귀찮게 걸어가야 하면 스마트폰에 빠질 가능성이 줄어 듭니다. 의지를 믿지 마세요. 공부하면 할수록 의지력 잔고가 줄어들거든요. 아니면 아예 인터넷 연결이 안 되는 2G폰으로 바꾸는 것도 하나의 방법입니다. 유혹 거리를 애초에 차단하는 것이 딴짓을 막는 지름길입니다.

물론 스마트폰으로 단어를 찾거나 인터넷 강의를 볼 때도 있습니다. 이 경우에는 시간을 정해 두고 사용하기를 추천합니다. 카톡 알람을 잠시 꺼 두면 더욱 효과적으로 공부할 수 있어요. 단어를 찾아볼 때도 수시로 책과 스마트폰 사이를 왔다 갔다 하기보다는 정해 둔 시간에 모르는 단어들을 한꺼번에 찾아보는 게 좋습니다. 이렇게 스스로 만든 제한 안에서 스마트폰을 사용하면 딴짓의 주범이 아니라 유용한 공부 도구가 될 것입니다.

② 장소를 바꾸어 유혹 줄이기

공부 장소를 바꾸는 것도 효과가 좋습니다. 특히 집에서 공부하면 딴짓할 거리가 정말 많아요. 공부 습관이 없는 친구일수록 집이 아닌 독서실이나 도서관에서 공부해야 합니다. 집에서 공부하면 침대의 유혹을 뿌리치기가 힘듭니다. 냉장고에 있는 맛있는 음식도 먹고 싶고요. 가족들의 말에 대답하는 것도 집중력을 흐트러뜨리는 요소가 될 수 있어요. 이렇듯 집은 유혹이 가득한 공간입니다. 독서실이나 도서관은 공부하는 공간이기에 공부 환경이 잘 잡혀 있습니다. 집에서 온갖 유혹을 참으며 공부하기보다 집중이 잘 되는 나만의 공간을 찾아봅시다.

③ 공부는 언제나 깔끔한 책상에서

공부하는 책상에는 플래너 하나와 공부할 문제집 하나만 있어야 합니다. 영어를 공부할 때는 다른 과목 문제집도 치워 두는 것이 좋아요. 공부를 못하는 친구일수록 책상 위를 정리하지 않습니다. 책상에 각종 문제집과 노트가 어지러이 널려 있으면 자연스레 잡념이 생기고 시선이 어수선하니 딴짓하고 싶어집니다. 반면 공부를 잘하는 친구일수록 책상 위가 깔끔합니다. 책상 위를 정리하는 습관이 있고, 학교 학습지를 찾을 때도 허둥대지 않아요. 찾기 쉽게 과목별로 분류해 두기 때문입니다. 책상 위를 잘 정리하는 사람이 공부 내용도 잘 정리합니다.

책상 위 모든 물건은 나에게 말을 건넵니다. 다른 문제집의 표지만 봐도 그 문제집이 말을 걸기 시작해요. '수학 숙제 많은 거 알지?' 이런 식으로 말이에요. 그러면 조급한 마음에 지금 하는 영어 공부도 집중력이 떨어지기 시작합니다. 집중력은 생각보다 쉽게 무너집니다. 최대한 지금 할 것만 올려져 있는 책상이 가장 좋은 환경입니다. 집중할 수 있는 환경은 내가 만들어야 합니다.

집중력을 높이는
공부 방법

사실 저는 딴생각의 대가입니다. 성격유형 검사에서도 공상을 잘하고 딴생각을 많이 하는 유형으로 나올 정도예요. 학창 시절에도 공상력이 높았던 저는 자주 딴생각에 빠져들곤 했어요. 예를 들면 이런 식입니다. 문장 암기를 하다가 우정에 관한 문장을 봅니다. 우정이라는 말을 보니 어제 싸웠던 친구와의 대화가 생각이 나요. 갑자기 후회도 되고 왜 싸웠는지 곰곰이 생각해 봅니다. 생각해 보니 공책을 안 가져왔던 것이 화근이었어요. '근데 왜 공책을 안 가져왔더라?' 이런 식으로 끝없이 이어집니다.

딴생각의 무서운 점은 저도 모르게 스르르 빠져든다는 점이에요. 딴짓은 인식이라도 되는데 딴생각은 서서히 스며듭니다. 눈은 기계적으로 책을 바라보지만, 머릿속은 여전히 친구와 싸우고 있지요. 자칭 공상력 최고 레벨인 저는 거의 평생을 딴생각과 전쟁을 치르며 살아 왔습니다. 그러다 수많은 아이를 가르치고 수십 권의 교육학, 뇌과학 책들을 읽으며 알게 되었어요. 학습 효과가 크고 집중력을 높이는 공부 방법이 따로 있다는 것을요.

① 배운 내용 떠올려 보기

반복적이고 기계적인 공부는 가장 주의해야 하는 공부입니다. 똑같은 단어를 10번씩 쓴다거나 교과서 본문을 보면서 그대로 따라 적는 방식은 시간 대비 효과가 크지 않아요. 단순 반복적인 공부를 할수록 쉽게 딴생각에 빠지지만 여러 번 쓰고 외웠으니 '알고 있다는 착각'을 하게 됩니다. 결국 실제 시험에서는 '아, 외웠는데 뭐였지?' 하며 답을 쓰지 못하는 경우가 태반입니다.

보면서 따라 쓰지 말고 최대한 기억을 떠올려 보는 공부 방식으로 바꿔 보세요. 예를 들어, 단어를 암기할 때도 뜻을 손으로 가리고 단어의 뜻을 떠올리면서 암기하면 효과가 좋습니다. 기억을 찾으려 할 때 졸음이 달아나기도 합니다.

② 내 수준보다 약간 어려운 수준에 도전하기

가바사와 시온의 《아웃풋 트레이닝》에 따르면, 내 수준보다 약간 어려운 수준에 도전해야 도파민이 많이 분비된다고 합니다. 도파민이 분비되면 집중력, 기억력, 학습 능력이 좋아집니다. 약간 어려운 수준의 문제가 아웃풋 공부에 가장 적격입니다. 너무 쉬우면 흥미를 금방 잃게 되어 딴생각에 빠지기 쉽고, 너무 어려우면 불안감이 내 생각을 잠식합니다. 따라서 적절한 수준의 문제에 도전하는 것이 가장 중요합니다.

③ 여러 방면으로 생각해 보기

공부는 한마디로 '치열하게 생각하는 행위'입니다. 아무런 생각을 하지 않고 그저 눈으로만 읽으면 쉽게 지루해집니다. 예를 들어 독해를 할 때는 주제가 무엇인지, 문제가 요구하는 것은 무엇인지 여러 방면으로 생각해 봐야 합니다. 이렇게 생각한 부분을 스스로 가르치듯 설명해 보세요. 또 단어를 공부할 때는 실제로도 발음해 보세요. 눈으로 읽기만 하는 것과 실제로 발음해 보는 것은 큰 차이가 있답니다.

④ 능동적으로 수업 듣기

수업을 듣는 것은 공부가 아닙니다. 공부는 자신이 몰랐던 부분을 깨달아 내 것으로 만드는 행위입니다. 같은 수업을 들어도 누구는 수업 후에 바로 핵심을 요약할 수 있고 누구는 필기 자료가 없으면 한마디도 하지 못합니다. 수업을 들을 때 그 수업의 핵심을 생각하면서 적극적이고 능동적으로 들어야 합니다. 그저 생각 없이 수업을 들으면 그 공백에 딴생각들이 침투하기 마련입니다. 수업과 관련된 생각의 키워드를 적어 보세요. 또, 수업이 끝나자마자 수업에서 배운 핵심 내용을 백지에 적어 보세요. 적는 것이 어렵다면 수업 내용의 목차만 보고 짧게 요약해서 말해 봐도 좋습니다.

⑤ 시간을 재면서 긴장감 있게 공부하기

쉬엄쉬엄, 설렁설렁 공부하면 딴생각이 많이 듭니다. 특히 영단어 암기처럼 반복적으로 해야 하는 공부는 늘어지기 쉽습니다. 이럴 때는 스톱워치로 시간을 20분 정도로 설정한 후 단어를 최대한 많이 외워 보세요. 그리고 다음에 공부할 때는 같은 개수를 19분에 외워 보는 식으로 약간의 긴장감을 주며 공부하는 것을 추천합니다.

피곤한 일상 속
컨디션 관리 팁

학창 시절을 돌아보면 그 당시 제 소원은 '학교 끝나고 집에 가서 다음 날까지 쭉 자기'였습니다. 학교 일정을 소화하는 것 자체가 굉장히 피곤했던 기억이 나네요. 그래서인지 피곤해하는 학생들을 보면 안쓰럽습니다. 학교 숙제, 수행평가, 학원과 과외 숙제, 자습까지 하다 보면 피곤할 수밖에 없어요. 게다가 여기저기서 들려오는 잔소리는 마음마저 지치게 만듭니다. 늘 피곤함을 달고 사니 체력이 달리기도 합니다. 어떤 학생은 취미가 잠이라고까지 말하더군요. 억지로 눈을 떠 과외를 받고, 학원을 가고, 수행평가를 합니다. 이런 상황에서 우리는 어떻게 피곤함을 극복하고 공부에 집중할 수 있을까요?

일단 하교 후 짧게 낮잠을 자는 것을 추천합니다. 캘리포니아 대학교 인지신경과학자 사라 매드닉Sara Mednick의 연구에 의하면 불과 20분의 짧은 낮잠이 오후부터 밤 사이의 기억력을 크게 향상시킨다고 합니다. 단, 낮잠 시간은 30분을 넘기지 않는 게 좋습니다. 짧은 낮잠은 기억력 증진과 피로 회복에 효과가 있지만 30분 이상의 낮잠은 오히려 일의 능률을 떨어뜨리기 때문입니다. 침대에서 자면 낮잠이 길어져 밤낮이 바뀔 수 있으니 책상에서 잠깐의 쪽잠으로 피로를 풀어 보세요. 잠들지 않더라도 눈을 감고 휴식하는 것만으로도 머리가 맑아지는 효과가 있어요. 낮잠을 잘 때는 알람을 맞춰 두거나 부모님께 깨워 달라고 요청하세요. 자리에서 일어나 걷거나 세수를 하면 더 확실하게 깰 수 있습니다.

저녁에 과식하지 않는 것도 상당히 중요합니다. 특히 탄수화물이 가득한 떡볶이나 짜장면을 먹고 나서 식곤증이 심하게 몰려온 경험이 있을 거예요. 과식하면 자연스럽게 눈이 감기게 되고 그 상황에서 졸음을 참고 공부하기란 쉽지 않죠. 맛있는 저녁 식사를 하더라도 지나친 과식은 피하고 적당량만 먹고 책상에 앉아 보세요. 적당량을 먹되 골고루 먹으면 더욱 좋겠죠? 적게 먹어 나중에 출출해지면 가벼운 간식으로 배고픔을 달래 봅시다. 간식은 과자보다는 비타민과 무기질이 많은 과일을 먹으면 좋습니다. 비타민 C 같은 영양제도 먹어 보세요. 한결 덜 피곤할 거예요.

피곤한 정도에 따라 공부 전략을 달리 세우는 것도 유용한 방법입니다. 학교 수업을 한번 보세요. 월요일부터 금요일까지 수업 과목이 다 다릅니다. 어떤 날은 체육 수업이 있고, 어떤 날은 국·영·수 주요 과목이 몰려 있지요. 학원이나 과외 일정도 그날그날 다릅니다. 자신의 주중 일정을 분석해서 가장 체력적으로 덜 힘든 날 지루한 공부를 많이 하고, 가장 피곤한 날에는 흥미 있는 과목을 공부하는 것도 방법이에요. 여기서 중요한 점은 '미리 계획하고 실행한다'는 점입니다. 즉흥적으로 결정하면 피곤하다고 재밌는 공부만 하려 할 수 있거든요. 그러니 주중 일정을 먼저 살펴본 후 계획을 미리 짜 두세요. 학교 축제나 소풍 등의 변수도 미리 고려해야 합니다.

피곤함을 관리하는 여러 방법을 소개했지만 사실 가장 근본적인 해결책은 여러분도 알고 있어요. 밤에 잠을 충분히 자면 피곤하지 않을 겁니다. 그럼 잠을 줄이지 않고 더 자야 할까요? 해야 하는 공부가 산더미 같은데……. 어떤 공신은 잠은 죽어서도 잘 수 있다면서 밤새 공부했다는데……. 나도 그래야 하는 것은 아닌지 불안하지 않나요? 학생들이 흔히들 말하는, 4시간 자면 붙고 5시간 자면 떨어진다는 4당 5락. 과연 진실일까요?

덜 잔다고
성적이 오르는 건 아니다

저는 잠이 많습니다. 그냥 많은 정도가 아니라 아주아주 많아요. 잠자기 대회에 나가면 전국 1등을 할 수 있을지도 모르겠네요. 고등학생 때는 별명이 '걸어 다니는 좀비'였고 친한 친구들은 기면증이 있냐고까지 물어볼 정도였어요. 지금도 가끔 잠이 부족하면 다시 좀비가 되곤 합니다. 저에게 고3 생활은 '잠과의 혈투'였다고 해도 과언이 아닙니다. 시간을 되돌려 고등학생으로 돌아갈 수 있다면, 저는 주저 없이 밤잠을 늘릴 거예요. 그때는 밤잠을 줄여야 한다고 생각했었어요. 하지만 지금 와서 생각해 보면 그때 숙면했다면 훨씬 더 좋은 결과가 있지 않았을까 하는 아쉬움이 많이 남습니다. 안 그래도 잠이 많이 필요한 사람인데 최소 수면 시간보다 적게 자니 몸이 버티지 못했어요. 감기 같은 잔병치레도 잦았고 공부에 집중하지 못한 날들도 많았습니다.

여러분에게 잠은 어떤 의미인가요? 달콤하지만 동시에 죄책감을 주기도 하나요? 때로는 성적과 수면 시간이 반비례하는 것 같기도 하죠. 하지만 분명히 해 두어야 할 점은 잠을 자는 것은 게으름 피우는 게 아니라는 것입니다. 충분한 수면은 오히려 우리의 머리를 좋게 한답니다. 잠자는 동안 우리의 뇌는 낮의 기억을 정리합니다. 마치 어질러진 책상 위를 깨끗하게 정리하는 것처럼요. 잠이라는 행위는 단순히 휴식을 넘어 기억력에 도움이 됩니다.

가바사와 시온의 《당신의 뇌는 최적화를 원한다》를 보면, 5일 연속으로 수면 시간을 5시간 이하로 줄였더니 48시간 동안 잠을 자지 않은 사람과 비슷한 수준으로 인지능력이 떨어졌다고 합니다. 수면 부족은 주의집중, 실행, 즉각적인 기억, 작업기억, 기분, 논리적 추론, 수학적 능력 등 거의 모든 뇌 기능을 떨어뜨립니다. 밤샘 공부를 하고 나서 눈은 뜨고 있지만 멍하고 집중이 잘 안 되었던 경험을 해 본 적 있나요? 그 상황에서 아무리 열심히 단어를 외운들 잘 외워질까요? 공부하는 느낌은 얻지만 실제로 공부는 되지 않아요. 정말로 공부를 잘하고 싶다면 최소 6시간은 자야 합니다.

수면 시간과 더불어 수면의 질 또한 중요한 요소입니다. 잠에는 좋은 잠과 나쁜 잠이 있어요. 좋은 잠이란 무엇일까요? 바로 제대로 된 숙면을 하는 것입니다. 사토 도미오ㅎㅌㅇㅎㅁㅎ의《잠의 즐거움》을 보면, 어떻게 깊이 잘 수 있는지 잘 나와 있습니다. 잠에는 얕은 잠인 렘수면REM sleep과 깊은 잠인 비렘수면non-REM sleep, 두 종류가 있어요. 이 둘은 90분 주기로 교대로 찾아옵니다. 이것이 어떤 날은 피곤함을 느끼면서 일어나고, 어떤 날은 가뿐하게 일어나는 이유입니다. 기분 좋게 잠에서 깨려면 렘수면기 때 일어나는 것이 좋습니다. 90분 주기이므로 잠든 지 6시간 후, 7시간 30분 후가 렘수면기입니다. 반대로 깊이 잠들어 있는 비렘수면기 때 잠에서 깨면 최악의 기분으로 찌뿌둥하게 일어날 수 있으므로 주의해야 합니다. 이 90분 주기는 사람마다 다를 수 있으니 자신에게 맞는 주기를 찾는 것도 중요합니다.

수면 리듬을 안정시키는 가장 좋은 방법은 하루의 리듬을 제대로 정돈하는 것입니다. 주말이라고 기상과 취침 시간을 아예 바꿔 버리면 리듬이 깨지겠지요? 규칙적인 생활이 중요하다는 말입니다. 만성적인 피로나 나른함을 느낀다면 잠의 질이 현저히 떨어져 있을 수 있습니다. 피곤하지 않아야 공부에 더욱 집중할 수 있으니 잠 컨디션을 관리하는 것도 공부의 기술입니다.

잠자기 직전 음식을 섭취하는 것은 숙면을 방해하니 피해야 합니다. 음식을 먹으면 소화 활동을 시작하기 때문에 위를 움직이는 자율신경계는 쉬지 않고 활동합니다. 따라서 잠자는 내내 피곤을 풀지 못하게 됩니다.

잠에 쉽게 들려면 침실은 가능한 한 어둡게 하는 것이 좋습니다. 침실이 밝으면 수면 유도 호르몬인 멜라토닌melatonin의 분비가 억제되기 때문입니다. 바로 불 꺼진 방에 들어가면 금방 잠들지 못할 수 있으니 은은한 노란색 빛의 조명을 켜 두어 잠시 긴장을 푸는 것도 좋습니다. 형광등 불빛은 수면에 악영향을 주니 반드시 피해야 합니다. 또, 자기 전에 컴퓨터나 스마트폰, TV 등 스크린을 보지 않는 것도 중요합니다. 하루 동안 쌓인 스트레스를 스마트폰으로 풀고 싶은 마음은 백번 이해하나 수험생일 때만큼은 양보해 주세요. 정 스마트폰을 하고 싶다면 자기 직전은 피하고 일정한 시간을 정해 두고 하는 것을 추천합니다.

잠자리에 드는 시간은 늦어도 11시를 넘기지 않아야 합니다. 많은 학생이 공부하거나 개인적인 시간을 보내다 밤늦게 12시 넘어 겨우 잠이 듭니다. 경험상 밤에 하는 공부는 낮 동안 쌓인 피로 때문에 제대로 집중하기가 어렵습니다. 공부 효율이 떨어질 수밖에 없지요. 차라리 일찍 자고 1시간 더 일찍 일어나 공부해 보세요. 더욱 맑은 정신으로 집중할 수 있습니다. 일류가 되기 위해서는 내 생활 역시 일류가 되어야 합니다. 제대로 휴식해 컨디션을 최상으로 올려 봅시다.

하루에 몇 시간이나
공부해야 할까?

공부 시간은 무조건 길면 길수록 좋습니다. 특히 공부력이 부족한 하위권의 경우 공부 시간 자체가 부족한 경우가 많습니다. '공부 못하는 사람은 하루에 몇 시간 공부해야 하는지를 묻고, 공부 잘하는 사람은 그 질문을 할 시간에 공부한다'는 우스갯소리도 있지요.

앞서 이야기했듯 자신의 하루 시간 사용 기록을 보면 하루 공부 시간을 분석할 수 있습니다. 공부 시간이 1시간이었다가, 5시간이었다가 하며 들쑥날쑥하다면 그 습관부터 고쳐야 합니다. 어제 3시간 공부하고 오늘 1시간 공부하는 것보다 2시간씩 매일 공부하는 것이 좋습니다. 공부 시간을 무작정 늘리기보다 매일 규칙적으로 공부하는 습관을 들이는 것이 우선입니다. 꾸준하게 매일 영어를 접하는 것보다 좋은 공부 방법은 없습니다.

그렇다면 하루에 1시간씩 꾸준히 공부하면 성적이 오를까요? 잔인하게 들리겠지만, 영어 공부 시간이 일주일에 7시간 이하라면 성적이 정체될 확률이 높습니다. 왜 그럴까요? 영어는 암기 과목입니다. 매일 단어를 암기해도 그만큼 까먹는 단어가 있기 때문이에요. 만약 오늘 5개의 단어를 암기했는데 까먹은 단어가 10개라면 성적이 과연 오를까요? 또, 시간이 지날수록 시험이 어려워집니다. 머릿속에서 지워지는 단어들과 어려워지는 시험 난이도를 고려하면 생각보다 더 많이 공부해야 합니다. 스터디 플래너에 하루 공부 시간을 기록하면서 공부 시간을 조금씩 늘려 보세요.

아마 여기까지 읽고 지레 겁먹거나 포기하고 싶은 학생들도 있을 거예요. 특히 5등급 이하인 학생들은 꾸준하게 공부해 본 경험이 없을 확률이 높으니까요. 이런 학생들은 오히려 '하루에 몇 시간'이라는 목표를 정하기보다 일단 하루 평균 공부 시간을 꾸준히 늘리기를 추천합니다. 공부 시간이 일주일에 7시간 이하면 성적이 정체될 확률이 높다고 했지만 5등급 이하 하위권 학생들은 처음에는 성적을 목표로 하면 안 됩니다. 일단은 공부 습관을 기르는 것이 먼저예요. 공부 습관을 잘 들이면 공부 시간이 자연스레 늘어납니다. 그렇게 꾸준히 공부하고 나서 성적을 목표로 두어도 늦지 않습니다. 급할수록 돌아가라는 말이 있습니다. 다른 친구와 비교하지 말고 내 생활 속에서 어제보다 나은 오늘을 만들어야 합니다. 하위권은 어제보다 오래 공부하는 것을 목표로 하루를 보내 보세요.

공부 시간을 잴 때도 요령이 있습니다. 책상에 앉아 있는 시간과 공부 시간은 다릅니다. 물 떠 오는 시간, 화장실 가는 시간을 모두 제외한 '정확한 공부 시간'을 스톱워치로 정확하게 기록하세요. 집중력도 시간으로 관리할 수 있습니다. 똑같이 2시간 동안 책상에 앉아 있었어도 실제 공부 시간이 2시간인 친구도 있고 1시간이 채 되지 않는 친구도 있습니다. 책상에 앉아 있는 시간과 실제 공부 시간의 차이가 클수록 집중하지 않고 딴짓을 많이 하고 있다는 뜻이에요. 이 차이가 최대한 줄어들도록 의식적으로 노력해 봅시다.

공부 시간을 늘리려고 노력하되 '시간의 함정'을 늘 조심하세요. 시간의 함정은 제가 수업하면서 가장 강조하는 것 중 하나입니다. 시간의 함정이란 '공부 시간만을 목표로 두는 학습'을 뜻합니다. 물론 절대적인 공부 시간도 굉장히 중요하지만, 시간 대비 효율적이고 실제로 실력을 높이는 학습이 중요합니다. 예를 들어, 오답 노트를 만들려고 문제를 오리고 붙이는 시간은 공부 시간에 포함되어야 할까요? 공부와 관련은 있지만 실제로 공부 그 자체는 아니니 정확하게 구분해야 합니다.

또, 시간만 채우려고 설렁설렁, 느릿느릿 공부하는 것도 지양해야 해요. 가령, 1시간에 60개의 단어를 암기할 수 있는 친구가 설렁설렁해서 20개만 외웠다면 이 역시 시간의 함정에 빠진 것입니다. 공부 시간이 공부 효율까지 보장하지는 않습니다. 우리는 주어진 시간에 제대로 된 학습을 해야 합니다. 단순히 공부 시간으로만 평가하지 말고 그 시간에 최선을 다해 공부했는지까지 생각해 보세요.

사람마다 고득점을 얻기까지 걸리는 시간은 다릅니다. 각자의 등급에 따라, 상황에 따라 달라질 수 있습니다. 명심해야 할 점은 시간 투자 없이 고득점을 얻는 것은 불가능하다는 사실이에요. 오래 공부한 것 같은 느낌으로는 부족합니다. 실제 공부 시간을 기록하고, 분석하고, 늘리려고 노력해 보세요. 또, 시간의 함정에 빠지지는 않았는지 확인해 보세요. 나의 소중한 자산인 '시간'이 곧 영어 실력이 되도록 효율적으로 공부해 봅시다.

오늘 하루 공부 시간 기록 예시

하교 후 시간 기록	일과 내용	사용 시간
15:42 ~ 15:54	독서실 도착 후 가방 정리	12분
15:54 ~ 16:48	영어 숙제: 5문제 풀고 해석 공부	54분
16:48 ~ 16:55	휴식: 물 마시고 스트레칭	7분
16:55 ~ 17:45	수학 숙제: 32~34쪽, 총 10문제	50분
17:45 ~ 18:30	저녁: 라볶이(너무 배불러 졸림)	45분
18:30 ~ 19:13	국어: 203~213쪽, 총 15문제	43분
19:13 ~ 19:32	낮잠	19분
19:32 ~ 20:02	잠 깨려고 산책(친구랑 수다)	30분
20:02 ~ 21:00	영단어 암기: 40개(1시간에 암기 도전!)	58분

오늘 총 공부 시간: 205분

총평	오늘은 어제보다 13분이나 더 공부했다. 뿌듯해! 다만 낮잠 후에 친구랑 너무 오래 논 것 같다. 다음에는 잠 깨는 산책도 혼자 해야지. 학교에서 틈틈이 공부하는 시간도 기록해서 비교해 봐야겠다. 오늘 수업 끝나자마자 바로 독서실 달려가서 공부하길 잘했다. 내일 하루도 열심히 공부해 보자. 나는 할 수 있다!

학원과
과외 수업 활용법

요즘 학생들의 일정을 보면 마치 연예인을 보는 것 같아요. 평일, 주말 할 것 없이 학원과 과외로 일정이 촘촘히 짜여 있거든요. 심지어 주말에는 대치동에서 12시간씩 수업을 듣기도 합니다. 이것도 부족한지 유명 강사 인터넷 강의까지 모조리 사 놓습니다. 그런데 그만큼이나 수업을 들으면 성적이 분명 상위권이어야 할 텐데 점수는 계획을 따라오지 못하니 속만 상합니다. 친구와 같은 학원에 다니는데 왜 성적이 오르지 않는 걸까요?

사교육 강사로서 단언컨대 수업을 듣는 것만으로는 성적이 오르지 않습니다. 이 이야기를 하면 저의 제자들은 동공이 흔들리면서 '나를 속인 거냐 이 배신자야!' 같은 표정을 짓습니다. 그래도 다시 한번 말할게요. 수업만 들어서는 성적이 오르지 않습니다. 과외, 학원, 인터넷 강의는 시험에 나올 가능성이 가장 큰 내용을 압축해서 가르쳐 주는 수업입니다. 그 지식을 머릿속에 넣는 것은 또 다른 영역이에요.

우리가 수영을 배우러 갔다고 가정해 봅시다. 아주 멋진 강사님께서 수영하는 법을 알려 주시네요. 너무 말씀을 잘하셔서 홀린 듯이 보고 있습니다. 자, 그리고 연습을 하나도 하지 않고 집으로 가면 우리는 강사님처럼 수영을 잘할 수 있을까요? 수영 강사님의 시범을 열심히 보는 것만으로는 모자랍니다. 실제로 물에 들어가 봐야 해요. 처음에는 아주 어설픕니다. 강사님 자세의 10퍼센트도 제대로 못 따라 하거든요. 그렇지만 매일 매일 수영장에 나와서 그 자세를 떠올려 보고 연습하면 잘할 수 있습니다. 언젠가는 그 수영장에서 최고로 잘하게 될지도 몰라요.

공부도 똑같습니다. 선생님이 열심히 가르쳐 준 내용을 완전히 나의 것으로 만들어야 합니다. 복습이 중요하다는 이야기입니다. 내용을 한번 훑어보는 것으로는 부족합니다. 마치 내가 강사가 된 듯 그 내용을 가지고 설명할 수 있어야 합니다. 복습할 때는 친구에게 설명해 주거나 책상 앞 인형한테 이야기하듯 강의해 보세요. 문장 해석이 된다고 넘어가지 말고, 이 문제를 푸는 요소는 무엇인지, 출제자의 의도는 무엇인지 생각해 봅시다. 최대한 들었던 수업을 복사하듯 따라 해 보세요. 선생님들은 출제자의 의도를 맞추는 달인들이에요. 수업에서의 핵심 내용을 복기하면서 완전히 나의 것으로 만드는 그 순간 실력이 오릅니다. 수업은 어디까지나 공부에 도움을 주는 조력자일 뿐 공부의 주인공은 '나'라는 사실을 반드시 명심하세요.

이렇게 이야기하면 어떤 학생들은 반론하기도 합니다. 학원과 과외 수업이 너무 많아 복습할 시간이 충분치 않다면서요. 여러분, 그런 상황이라면 수업 몇 개는 과감히 빼는 것이 좋습니다. 숙제하고 복습하는 자습 시간에 실력이 향상된다고 했습니다. 그 시간이 부족하다면 당연히 실력은 향상되지 않아요. 수많은 학원과 과외, 인터넷 강의 광고가 공부에 꼭 필요하다고 광고하지만 그렇지 않습니다. 나에게 정말로 필요한 수업인지 유심히 살펴보고 가장 필요한 수업만 골라서 들으세요.

인터넷 강의 커리큘럼을 보면 보통 한 교재당 60분짜리 수업 30개를 들어야 완강이 됩니다. 단순 계산을 하면 1,800분을 수업 듣는 데에만 쏟아야 한다는 거예요. 자, 수업만 들어서는 실력이 늘지 않는다고 했었죠? 여기에 복습과 숙제까지 포함하면 3,000분이 훨씬 넘는 시간을 써야 합니다. 물론 이 강의 하나만 들을 거라면 한 해 동안 충분히 들을 수 있어요. 하지만 문제는 여기서부터입니다. 영어 한 과목만 해도 수많은 커리큘럼과 인터넷 강의가 있습니다. 많은 학생들이 그 커리큘럼을 다 따라가야 할 것 같은 불안감에 다 듣기도 벅찬 많은 수업을 듣고 있지요.

인터넷 강의든 학원이든 모든 과정을 다 들을 필요가 없어요. 내가 부족한 부분을 잘 살펴보고 나한테 맞는 수업을 선별적으로 골라 들으면 최강의 아군이 됩니다. 그러나 커리큘럼에 질질 끌려다니면 결코 자습 시간을 확보할 수 없어요. 학교에서 내주는 숙제와 수행평가도 챙길 시간이 필요합니다. 반드시 본인만의 자습 시간을 충분히 확보하세요. 이왕 수업을 듣기로 했다면 그 효과를 극대화해야 합니다. 수업을 들으면서도 집중하는 노력이 필요해요. 우리 학생들은 집중하라는 말을 수없이 들어 귀에 딱지가 앉을 정도인데 집중하며 수업 듣는 방법은 잘 모릅니다.

수업을 들을 때는 반드시 필기하는 습관을 들이세요. 선생님이 하는 모든 말을 다 받아 적을 필요는 없지만 필기를 하면 의식적으로 좀 더 수업에 귀 기울이게 됩니다. 필기할 때는 3색 볼펜을 사용하는 것을 추천합니다. 선생님이 평범한 톤으로 이야기하는 것은 까만색, 강조하는 것은 빨간색, 칠판 필기는 파란색으로 필기하면 나중에 복습할 때 큰 도움이 됩니다. 너무 여러 색을 사용하면 오히려 집중력을 떨어뜨릴 수 있으니 주의합니다.

수업 내용을 기계적으로 받아들이지 말고 '생각'하면서 듣는 것이 중요해요. 이전에 배운 내용과 어떤 연관이 있는지, 선생님이 왜 강조하는지, 이 개념을 어떻게 응용할 수 있는지 여러 방면으로 생각해 보세요. 수업하다 보면 상위권 학생과 하위권 학생은 눈빛부터 다릅니다. 상위권 학생은 수업과 관련된 여러 생각을 하면서 수업을 듣는 것이 눈에 보입니다. '아하!' 하며 깨닫는 표정을 지을 때도 많아요. 반면, 하위권 학생들은 처음부터 끝까지 기계적으로 받아들이려는 경향이 강합니다. 그러니 쉽게 지치고 지루해지지요. 같이 수업 듣는 친구와 '1분 요약 게임'을 해 보세요. 각자가 정한 부분을 수업 후 1분 동안 서로에게 요약해 주는 거예요. 이런 게임을 염두에 두고 수업을 듣는 것은 그냥 듣는 것과 천지 차이입니다. 조금이라도 더 설명을 잘하고자 '생각'하며 수업을 듣기 때문이지요.

학원이나 과외 수업은 양날의 검입니다. 전략적으로 잘 선택해 들으면 최고의 아군이 되고, 수업에 끌려 다니면 내 시간을 빼앗는 적이 됩니다. 공부의 주인공은 언제나 '나'라는 사실을 명심한다면 훨씬 더 좋은 효과를 낼 수 있습니다.

내 실력에 맞는
교재 찾기

많은 학생이 공신들을 따라 합니다. 정말로 좋은 자세입니다. 나보다 잘하는 친구를 보고 본받으려는 모습이 얼마나 기특한가요? 하지만 주의할 점이 있습니다. 상위권 친구들의 태도나 공부 방법을 따라 하는 것은 정말 좋지만, 그들이 다니는 학원이나 교재까지 따라 할 필요는 없어요. 그들과 우리의 공부 기초 체력이 다르기 때문이에요. 학습 내용의 기본기와 공부력이 다르다는 말입니다. 공신이 인정한 교재는 분명 좋은 교재겠지만 지금의 나에게는 어려운 교재일 수 있습니다. 공신이 다니는 학원은 좋은 학원이겠지만 상위권에게 특화된 학원일 수 있습니다.

어떤 친구들은 성적이 비슷한 친구들에게 조언을 구하기도 합니다. 친구들과 공감대를 형성할 수는 있겠지만 사실 이 방법도 좋은 방법은 아닙니다. 그 친구 또한 많은 교재를 경험해 보지 않았거나, 끝까지 풀어 본 경험이 적을 가능성이 크거든요. 그저 교재에 대한 주관적인 느낌만을 전달해 줄 뿐이죠. 그렇다고 인터넷 블로그나 카페 댓글을 참고해서 교재를 선정하는 것도 옳은 방법이 아닙니다. 인터넷은 댓글 알바의 천국입니다. 그럴듯한 댓글을 적어 광고하는 댓글 알바가 무수히 많아요.

그럼 대체 어떻게 내 실력에 맞는 교재를 선택해야 할까요? 사실 교재 전문가는 항상 우리 곁에 있습니다. 누굴까요? 바로 학교 선생님입니다. 학교 선생님은 다양한 교재를 볼 기회가 많습니다. 학생을 가르치는 입장으로 교재를 바라보기 때문에 교재의 구성과 내용이 알찬지 아닌지도 바로 알지요. 조금 쑥스러워도 교무실로 찾아가 영어 선생님께 교재 추천을 받아 보세요. 이때 그냥 추천해 달라고 하지 말고 가능한 한 구체적으로 본인의 실력을 말하고 조언을 구하세요.

"선생님, 저 이번 기말고사는 5등급이고 서술형을 많이 틀렸어요. 모의고사도 5등급 정도 나오고요. 사실 객관식도 단어가 아예 해석이 안 돼서 계속 찍고 있어요. 듣기도 17문제 중에서 10문제만 맞고 시간도 너무 부족해요. 열심히 공부하려는데 제게 어떤 교재가 맞을지 모르겠어요. 어떤 교재부터 푸는 것이 좋을까요?"

이렇게 구체적으로 말하면 선생님이 기특해하며 이것저것 이야기해 줄 거예요. 운이 좋다면 공부 팁도 얻을 수 있고요.

만일 선생님을 만날 기회가 여의치 않다면 EBS 교재를 추천합니다. EBS 교재는 명성에 걸맞게 구성과 내용이 풍부합니다. EBS라면 무조건 믿고 학습해도 괜찮을 정도입니다. EBS의 아무 교재 맨 뒷장을 살펴보면 실력별 커리큘럼이 잘 나와 있습니다. 본인이 취약한 영역부터 살펴보고 그에 맞는 교재를 선택해서 공부해 보세요. EBS의 최대 장점은 인터넷 강의를 공짜로 들을 수 있다는 점입니다. 교재를 풀어 보고 해설지를 봐도 이해가 안 되는 부분은 인터넷 강의로 보완할 수 있습니다. EBS 인터넷 강의 전체를 다 들으려 하지 말고 스스로 공부한 후에 어려운 부분만 들으면 시간 대비 큰 효과를 낼 수 있습니다.

교재를 골랐다면 바로 사지 말고 서점에서 교재의 중간 부분을 한번 살펴보세요. 교재 앞부분은 대체로 쉬운 편이라 교재의 수준을 정확히 가늠할 수 없습니다. 하위권이라면 교재의 뒷부분까지 꼼꼼히 살펴보고 아는 내용과 모르는 내용의 비율이 50대 50 정도인 교재를 고르세요. 모르는 내용이 너무 많으면 공부하는 내내 좌절감을 느끼고 힘들 수 있어요. 또 너무 쉬우면 학습효과가 떨어질 수 있습니다. 아는 내용과 모르는 내용이 적당히 섞여 있어야 속도감 있게 공부할 수 있으니 너무 어려운 교재는 절대로 선택하지 마세요. 고등학생이어도 실력이 중학생 수준이라면 주저 말고 중학생용 교재를 선택해야 합니다. 교재의 수준은 차근차근 올리면 되니 괜한 자존심으로 교재를 선택하지 말아야 해요.

과외나 학원 수업의 경우, 고민의 절반은 이미 해결되어 있습니다. 선생님이 이미 적절한 교재를 선택했기 때문이지요. 그러나 교재가 어려워 수업 내용이 이해가 안 되면 선생님과 충분한 상담을 해 보세요. 그래도 버겁다면 학원이나 과외를 과감히 바꾸는 것도 좋은 방법입니다. 내 실력에 맞는 적절한 교재가 공부에 큰 도움이 됩니다. 현재 내 실력보다 조금 어려운, 그렇지만 열심히 공부하면 이해할 수 있는 교재가 적절한 교재입니다.

교재를 살 때는 욕심내서 이것저것 사지 말고 일단 한두 권만 선택하는 것이 좋습니다. 공부가 거의 처음인 하위권 학생들은 단어장과 구문 학습 교재 이렇게 두 권만 사서 공부해 보세요. 공부 경험이 있는 학생들은 독해 문제집과 문법 교재, 듣기 교재 이렇게 3권 정도가 적당합니다. 상위권을 목표로 하는 중위권 학생들은 기출문제를 통해 실전 대비를 하면 효과가 있을 거예요.

이렇게 교재를 선택했다면 죽이 되든 밥이 되든 끝까지 풀어 보세요. 이 교재, 저 교재 왔다 갔다 하면 어려운 부분을 결코 정복할 수 없습니다. 교재마다 구성 의도가 있으니 한 권을 신중히 선택하고 쭉 밀고 나가는 방식을 추천합니다.

스터디 플래너 100% 활용하기

스터디 플래너는 어렵고 막막한 공부의 길에서 내가 옳은 방향으로 잘 가고 있는지, 뒤처지거나 너무 무리하고 있지는 않은지 돌아보고 더 나은 공부를 할 수 있게 도와주는 페이스메이커pace-maker입니다. 다양한 스터디 플래너 중에서 어떤 플래너가 좋은지, 어떻게 사용해야 하는지 차근차근 알아보겠습니다.

스터디 플래너를 고르기 전에 우리가 스터디 플래너를 사용하는 목적부터 생각해 봅시다. 앞서 말했듯이 우리의 시간 사용을 정확하게 알아야 바른 계획을 세울 수 있습니다. 또, 정확한 목표는 공부의 이정표가 됩니다. 플래너를 사기 전 이 두 가지 목표를 반드시 생각해야 합니다. 내 마음에 드는 예쁜 노트도 좋지만, 예쁘다고 무작정 사지 말고 플래너의 구성을 잘 살펴보세요. 플래너 속지에 하루 시간 사용을 기록하는 공간이 있으면 습관이 되기 쉽겠지요? 시간 사용 내역을 적고 다른 색 형광펜으로 공부 시간과 쉬는 시간을 구분해서 칠해 두면 한눈에 파악하기 좋으니 참고하세요.

또, 체크리스트 칸은 많을수록 좋습니다. 공부 목표를 세부적으로 나눠 쓰고 자주 체크하면 더욱 큰 성취감을 느낄 수 있습니다. 목표가 작으니 시작하기 쉬운 것도 덤이겠지요. 또, 취침 시간과 기상 시간을 적는 것도 중요합니다. 따로 적는 칸이 없다면 날짜 옆에 간단하게 적어 보세요. 기상, 취침 시간을 확인하면 나의 생활 리듬을 관리할 수 있습니다.

스터디 플래너에 적을 내용은 시간 사용 내역, 계획, 생활 리듬 이렇게 세 가지입니다. 시간 사용은 앞에서 이야기했으니, 계획 짜는 법을 소개하겠습니다. 먼저 잘못된 예시를 살펴볼게요.

과목	해야 할 일	진행 여부
국어	과외 복습	☑
영어	수행평가	☒
수학	숙제 50~55쪽	☒

이 계획에는 어떤 문제가 있을까요? 일단 해야 할 일이 구체적이지 않아요. 해야 할 일은 항상 구체적으로 적어야 합니다. '과외

복습'의 의미를 정의해야 하지요. 복습은 선생님의 필기를 눈으로 다시 살펴보는 걸까요? 아니면 따로 노트에 정리하는 걸까요? 이렇듯 '복습'이라는 단어에는 수많은 의미가 담겨 있어요. 많은 공신이 복습이 가장 중요하다고 이야기하죠. 모두가 복습의 중요성은 알지만 사실 공신들의 복습과 하위권의 복습은 그 의미부터 다릅니다.

공신은 학습 내용을 자신의 것으로 만들기 위해 적극적이고 능동적으로 복습합니다. 반면에 하위권 학생들은 반복적으로 쓰거나 읽는 등 소극적이고 수동적인 복습을 하는 경우가 많아요. 그렇기 때문에 플래너에 더 구체적으로 작성해야 합니다. '복습' 대신 '과외 수업 필기 노트에 정리' 혹은 '수업에서 풀었던 문제 다시 풀기' 같은 식으로 말이죠.

'수행평가'라는 항목도 문제가 있네요. 수행평가는 여러 단계로 나눌 수 있어요. 예를 들어, 영어 수행평가로 '좋아하는 음식에 대해 3분 말하기'가 있다고 가정해 봅시다. 이 경우 '내 생각 정리하기', '음식에 관련된 단어 찾기', '원고 쓰기', '원고 외우기', '발표 연습하기' 등으로 단계를 나눌 수 있습니다. '수행평가'라고 통으로 적으면 시작조차 하기 힘들거나 얼마나 공부했는지 가늠하기 어려워요. '음식 관련 단어 찾기'까지는 했는데 시간이 없어 다음 단계는 진행하지 못했다면 스터디 플래너에 체크해야 할까요? 아니면 다 하지 못했으니 체크하지 않아야 할까요? 하나의 일을 여러 단계로 나누어서 스스로 진행 상황을 살펴보세요.

마지막으로 '숙제 50~55쪽'이라고 쓴 부분도 살펴볼게요. 보통 이런 숙제는 이미 구체적으로 정해져 있지만, 더 쪼갤 수 있습니다. 왜 더 쪼개서 적어야 할까요? '50~55쪽'은 55페이지까지 다 풀어야 겨우 하나 체크하는 것이지만 한 페이지씩 나누면 5개나 체크할 수 있지요. 별거 아닌 것처럼 보여도 체크 개수도 자신감에 큰 영향을 줍니다. 또, 체크리스트를 쪼개면 자투리 시간을 유용하게 쓸 수 있습니다. 한 페이지에 8분이 걸린다면 단 10분에도 충분히 도전할 수 있으니까요. 그러나 통으로 적으면 그만큼의 시간이 나야지만 공부하게 됩니다. 앞에서 일단 5분 동안 공부를 시작하면 의욕이 생긴다고 했습니다. 잘게 쪼갠 계획은 5분 공부의 시작점이 됩니다.

한 가지 더 이야기하자면, 각 항목을 다 하는 데 걸린 시간까지 적어 주면 좋습니다. 앞으로의 계획은 평소의 내 시간 사용에 따라 달라집니다. 그러니 과제별로 해야 할 일을 구체적으로 적어 보세요. 공부 습관이 잡혀 있지 않은 친구들은 '책상에 앉기', '단어장 펴기' 같은 사소한 행위도 적으면 좋으니 시도해 보세요. 마무리로 하루를 돌아보고 피드백까지 적으면 금상첨화입니다.

스터디 플래너는 하루를 시작할 때 쓰는 것이 가장 좋습니다. 아침에 학교에 도착하자마자 적어 보세요. 어떤 친구들은 플래너 작성에 너무 오랜 시간이 걸린다고 투덜대기도 합니다. 처음이 어렵지, 계속 쓰다 보면 시간이 단축되니 걱정하지 마세요. 스터디 플래너가 여러분의 공부 생활에 든든한 친구가 될 거예요!

스터디 플래너 작성 예시

	오늘 한 일	수행 여부	비고
습관	독서실 가기	☑	하교 후 바로
	수학 문제집 펴기	☑	독서실 도착 후
	과외 수업 후에 필기 노트 펴기	☑	과외 끝나고 바로
자투리 시간	17회 듣기 모의고사 들으며 등교	☑	
	18회 듣기 모의고사 들으며 하교	☒	예진이랑 수다
	점심시간에 수학 3문제 오답 노트에 오리고 붙이기	☑	15분 걸림. 다하고 낮잠
국어	과외 필기 노트에 정리	☑	20분
	과외 시간에 풀었던 문제 다시 풀기	☒	시간 부족
영어	수행평가: 불고기에 관련된 단어 20개 찾기	☑	55분
수학	50쪽 풀기	☑	10분
	51쪽 풀기	☑	7분(자투리 시간)
	52쪽 풀기	☑	8분
	53쪽 풀기	☒	휴식하다 잠듦
	54쪽 풀기	☒	휴식하다 잠듦

기상: 오전 6시, 취침: 오후 10시 30분, 총 공부 시간: 1시간 40분

평가	수행평가가 생각보다 오래 걸렸다. 내일은 수학 문제를 더 풀어야지!

chapter
8

실전!
영포자 시험장에 들어서다

시험장에서
떨지 않는 비결은 '멘탈 관리'

시험을 볼 때 떠는 사람과 평온한 사람이 있습니다. 저는 시험 직전까지도 하나도 안 떨린다며 허세를 부리다가 막상 시험지를 받아 들면 긴장하는 학생이었어요. 적당한 긴장은 좋지만, 너무 떨면 시험에서 제 실력을 발휘하지 못합니다.

시험에서 떨지 않으려면 특별한 기술보다는 '감정 조절'이 필요합니다. 시험을 대하는 내 생각에서부터 출발해 볼까요? 출제자가 갑이고 내가 을이라는 생각을 버려야 해요. 시험 볼 때만큼은 내가 갑이라는 생각으로 자신 있게 풀어야 합니다. 완벽하게 준비되지 않았더라도 소위 '깡'이 있어야 한다는 말이에요.

제가 처음 대형 학원의 입사 면접을 볼 때가 생각납니다. 경력이 많은 원장님 앞에서 시범 강의를 해야 하는데 너무 떨리는 거예요. 원장님을 학생이라고 생각하고 강의해야 하는데 실제로는 베테랑 앞이니 저 자신이 조그마해진 것 같았습니다. 그때 든 생각이, 발상을 전환해 보자는 것이었어요. 저보다 수십 살이나 나이가 많은 사람에게 강의하는 기회가 몇 번이나 있을까 생각해 봤죠. 또 달리 생각해 보니 상사에게 반말해 보는 절호의 기회가 아니겠어요?

"원장이가 생각해 볼까? 정답이 뭔지 말해 보렴." 원장 선생님은 처음에는 놀라셨지만 웃으며 학생 역할을 해 주셨어요. 이렇게 발상을 전환하자 제 안의 두려움은 사라지고 자신감 있게 시범 강의를 할 수 있었어요. 결과는 합격! 만일 바들바들 떨며 시범 강의를 했다면 합격하지 못했을 거예요.

시험을 나를 평가하는 대상이라고 생각하지 말고 내 실력을 측정하는 도구일 뿐이라고 발상을 전환해 보세요. 까짓거 내가 한번 풀어 주는 거죠. 나에게 어려운 문제는 다른 아이들에게도 어려우니 걱정하지 마세요. '중요한 시험'이라는 생각에 빠져들면 당황합니다. 최대한 편안한 마음으로 시험을 쳐야 제 실력을 발휘할 수 있어요. 어려운 문제를 틀려도 목표를 달성할 수 있습니다. 시험 보기 전 다음 문장을 입으로 소리 내서 말해 보세요.

"시험은 내 실력을 측정하는 도구일 뿐이야. 시험으로 점점 나아지는 나를 발견할 수 있어. 어려운 문제를 만나도 자신 있게 풀자. 이 시험으로 내 실력은 더 향상될 거야!"

발상의 전환으로 마인드 컨트롤을 시작했다면 이제 문제를 풀어 볼까요? 앞부분에 나오는 쉬운 문제를 풀며 자신감이 좀 생기려는데 슬슬 어려운 문제가 나옵니다. 읽고는 있지만 내용 자체가 너무 추상적이라 하나도 이해가 안 돼요. 다시 마음이 조급해지고 떨리니 문제가 잘 안 풀려요. 어떻게 해야 할까요?

너무 떨리면 잠시 멈추고 3초간 심호흡을 해 보세요. 숨을 크게 들이쉬고 내쉬어 보세요. 그리고 '문제를 맞히겠다'라는 마음보다 '지문을 이해하겠다'라는 마음으로 읽어 보세요. 이때 키워드를 표시하면서 읽어 봅시다. 그저 눈으로만 빠르게 읽지 말고 스스로 이해하면서 읽어야 해요. '아 화자가 말하려는 바가 이런 뜻이겠구나. 이 단어가 핵심 단어 아닐까?' 이렇게 스스로 질문을 던지며 차근히 읽어 봅니다. 화자와 대화한다는 마음으로 지문을 읽어야 조급함이 사라지고 떨리는 마음도 진정됩니다.

선생님의 "10분 남았어요"라는 말에 쫄지 마세요. 잘 풀다가 그 말만 들으면 마음이 급해지는 학생들이 많아요. 그러나 10분은 생각보다 길어요. 한 문제당 1분 30초에서 2분에 푼다고 하면 적어도 5문제 이상은 풀 수 있어요. 다시 한번 말하지만, 생각이 중요합니다. 10분은 충분한 시간이에요. 걱정하지 말고 문제를 푸세요. 그리고 다른 친구들의 시험지 넘기는 소리도 신경 쓰지 마세요. 사람마다 문제 푸는 속도와 순서가 다르니 비교는 의미가 없습니다. 그리고 문제 푸는 속도가 정답률을 보장해 주지는 않아요. 비교하면 조급해집니다. 시험에서는 오직 자신에게만 집중하세요.

끝으로, 당부하고 싶은 말이 있어요. 인생은 길어요. 시험을 큰 존재로 생각할수록 더 어려워집니다. 시험은 내 인생에서 지나가는 길 중 하나랍니다. 결국은 다 잘될 거라는 굳은 믿음으로 시험장에 들어서기를 바랍니다. GOOD LUCK!

'시간 분배'가
시험 점수를 좌우한다

시험이 어려운 이유 중 하나가 바로 '시간'입니다. 문제가 어려울수록 시간도 더 부족하게 느껴지지요. 그냥 봐도 어려운 영어 지문을 주어진 시간 내에 풀어야 하니 부담이 되고 어려운 유형이 나오면 시간은 더 빠르게 흘러갑니다. 내신에서는 서술형, 모의고사에서는 빈칸 유형부터 시간이 촉박해지기 시작해요. 시간 분배를 제대로 하지 못하면 문제를 다 풀지 못하기도 합니다. 결국 시간 분배가 좋은 점수를 좌우한다고 해도 과언이 아닙니다. 시간 분배에도 특별한 노하우가 있을까요?

내신 시험은 객관식과 서술형, 두 유형으로 나눌 수 있습니다. 보통 중하위권 학생들이 가장 어려워하는 유형이 서술형이에요.

어려우니 시간도 많이 잡아먹고 단답식이 아닌 이상 완벽한 문장을 써야 하니 검토도 여러 면에서 해야 합니다. 이때의 포인트는 쉬운 객관식 문제부터 풀어야 한다는 것이에요. 어려운 서술형 문제부터 풀면 못 푼 문제가 많이 남아 훨씬 더 조급해집니다. 조급한 마음으로 객관식 문제를 풀면 평소였다면 꼼꼼하게 봤을 선택지를 대충 본다거나 실수할 수 있어요. 한마디로 맞을 문제를 틀리는 것이지요. 그러니 쉬운 문제부터 풀고 남는 시간에 어려운 문제를 풀어야 합니다. 같은 시간에 더 많은 문제를 풀면 마음에도 더 여유가 생길 거예요.

내신 시험의 특징은 이미 배운 지문이 나온다는 점입니다. 따라서 지문의 모든 문장을 읽을 필요가 없어요. 아무리 긴 지문이라도 문제가 요구하는 부분만 선별해서 보면 시간을 절약할 수 있습니다. 여기서 명심할 점은 문제가 요구하는 부분만큼은 반드시 읽어야 한다는 것이에요. 내용을 안다고 해서 문제가 요구하는 부분을 보지 않고 바로 풀면 문제를 틀릴 수 있어요.

제자 중에 L이라는 남학생이 있었어요. 항상 열심히 공부하는 학생이었죠. L은 문제 푸는 시간을 단축하려고 시험 볼 때 지문을 아예 읽지 않았어요. 내용을 이미 알고 있으니 그 기억에만 의존해서 문제를 풀었습니다. 그런데 채점하고 문제를 다시 보니 교과서에는 없었던 'not'이 시험 지문에 추가되어 있었어요. 교과서에 나온 단어의 반의어가 답이었던 것이죠. 이처럼 교과서에서 나온 내용이라도 변형되어 출제될 수 있으니 반드시 문제가 요구하는 부분을 읽어야 합니다.

모의고사는 유형이 정해져 있어 평소에 시간 분배 연습을 하면 좋습니다. 아직 영어 문장을 읽는 속도가 느리고 문제 푸는 실력이 부족하다면 전략적으로 몇 문제를 제외하고 풀기를 추천합니다. 모든 문제를 풀려고 하면 마음만 조급해지고 많은 문제를 대충 풀게 되어 오히려 점수가 낮아질 수 있어요. 아직 하위권인 학생은 어려운 유형 몇 개는 건너뛰고 비교적 쉬운 문제를 찬찬히 풀어 보세요. 실력을 쌓아 시간 내에 푸는 문제의 개수를 늘리는 것을 목표로 합시다.

영어 듣기 문제를 푸는 틈틈이 쉬운 문제를 푸는 것도 하나의 방법이 될 수 있어요. 이미 많은 학생이 하는 방법입니다. 그러나 영어 듣기 실력이 낮은 친구들은 듣기에만 집중해야 합니다. 문제 사이에 선택지를 미리 읽어 본 후 문제를 들어 보세요. 특히 선택지가 영어인 경우, 포인트가 되는 핵심 단어에 밑줄을 그어 놓고 들으면 더 큰 도움이 됩니다. 영어 듣기 실력이 낮은 친구가 섣부르게 틈틈이 독해 문제를 풀면 두 마리 토끼 모두 놓칠 수 있어요. 언제나 본인을 먼저 분석한 후 본인에게 맞는 전략을 사용해야 합니다. 영어 듣기를 풀 때 틈틈이 독해 문제를 푼다면 가장 쉬운 유형인 목적, 안내문 문제를 푸는 것을 추천합니다. 가볍게 읽을 수 있는 내용이라 쉽게 풀 수 있을 거예요.

평소에 모의고사를 연습할 때, 20번, 30번, 40번까지 푸는 데 몇 분이 걸리는지 적어 두면 시험장에서 문제 푸는 속도가 평소보다 느린지 빠른지 검토할 수 있어요. 너무 느려도 좋지 않지만, 너무 빨라도 시험의 함정에 빠졌거나 대충 풀었을 수 있어요. 나만의 적정 속도로 푸는 것이 가장 좋습니다. 문제를 순차적으로 풀지 않고 유형별대로 푸는 학생이라면 나만의 순서를 정해 보세요. 어떤 날은 이 유형부터, 어떤 날은 저 유형부터 풀면 시간 분배를 제대로 할 수 없습니다.

모의고사는 8쪽보다 6쪽의 빈칸 유형이 상대적으로 더 어려워요. 특히 8쪽의 43번~45번 문제는 매우 긴 하나의 지문에서 출제됩니다. 이 지문을 제대로 해석하지 않으면 세 문제를 한꺼번에 틀릴 수 있어요. 따라서 6쪽보다 8쪽을 먼저 푸는 것도 좋은 전략입니다. 어려운 유형은 정답률도 문제지만 시간을 많이 잡아먹어 마음을 조급하게 만드는 괴물이기도 하니까요. 이것 말고도 문제 푸는 순서를 여러 가지로 실험해 보세요. 내게 가장 잘 맞는 풀이 순서를 찾을 수 있을 거예요.

앞에서 여러 비법을 말했지만, 사실 최강의 비법은 바로 내 실력을 올리는 것입니다. 내 실력이 향상되면 문제 푸는 데 그리 많은 시간이 소요되지 않아요. 선택지에서 고민하는 시간이 줄어들기 때문입니다. 실력 관리가 곧 시간 관리입니다. 흔들리지 않는 절대적인 실력을 쌓는 수험생이 되기를 응원합니다.

실수의 함정에
빠지지 않으려면

시험에서 쉬운 문제를 실수로 틀려 본 적 있나요? 의외로 시험에서의 실수를 가볍게 여기는 학생들이 많아요. 대화를 나눠 보면 이번에는 실수했지만 다음에는 실수 안 할 것이라고 말합니다. 하지만 실수도 실력입니다. 다음 시험에도 비슷한 실수를 하는 경우가 태반이에요. 실수는 습관이 됩니다. 습관은 신경 써 교정하지 않으면 없어지지 않아요. 떨리고 긴장되는 상황이 되면 오히려 강해지지요. 여기서는 여러분이 시험에서 자주 하는 실수들과 고치는 방법을 알아볼게요.

첫째, '문제'를 반드시 꼼꼼히 읽어야 합니다. 이게 무슨 소리냐고요? 생각보다 문제를 안 보고 푸는 학생들이 많아요. 지문과 선택지는 읽는데 문제를 보지 않거나 대충 봅니다. 예를 들어 제목을 찾는 문제인데 주장을 찾으려고 하면 답이 빠르게 나오지 않습니다. 제목 유형은 지문 속 단어를 그대로 사용하기보다 비유적으로 표현하는 경우가 많기 때문입니다. 또, 일치/불일치 문제에서도 자주 실수하곤 합니다. 일치하는 것인데 일치하지 않는 것을 찾는 식이지요. 이 경우 문제에 직접 기호를 써 표시하는 것을 추천합니다.

저도 학창시절에 일치/불일치 실수를 자주 했어요. 그래서 생각한 방법이 일치 문제에는 크게 ○ 표시를 하고 불일치 문제에는 크게 × 표시를 하는 것이었어요. 답을 고를 때 한 번 더 볼 수 있게 한 것이죠. 문제를 읽고 제목이라면 제목 부분에 밑줄, 불일치라면 ×, 일치라면 ○ 표시를 하는 습관을 들이세요. 중요한 점은 평소 문제를 풀 때도 같은 방식으로 해야 한다는 것이에요. 습관으로 만들면 시험 볼 때 딱히 노력하지 않아도 문제를 꼼꼼히 보게 됩니다.

둘째, '선택지'도 꼼꼼히 읽어야 합니다. 정답과 유사한 단어들로 구성되어 있지만 작은 전치사 하나로 오답이 되는 경우가 많아요. 또 선택지 문장이 능동태인지 수동태인지에 따라 정반대의 의미가 될 수 있어요. 지문은 잘 이해해 놓고 선택지를 대충 보면 출제자의 함정에 빠질 가능성이 있습니다. 출제자들은 학생들의 심리는 물론이고 왜 문제를 틀리는지도 아주 잘 알아요. 그래서 그 실수를 유도하는 선택지를 일부러 집어넣습니다. 우리가 시험을 볼 때 꼭 선택지 중 두 개가 유독 헷갈리는 이유입니다. 그 함정에서 벗어나기 위해서는 선택지를 전치사 하나까지 꼼꼼하고 정확하게 해석해야 합니다. 이때, 모르는 단어가 있으면 무작정 답에서 제외하는 학생들이 있어요. 모르는 단어라도 의미를 추측하며 읽어 보세요. 나머지 선택지가 정답이 아니라는 확신이 들 때는 소거법으로 문제를 풉니다.

셋째, 대명사가 나오면 반드시 대명사가 가리키는 대상을 찾습니다. 대명사는 주로 앞서 나온 명사를 가리킵니다. 이때 대명사의 대상을 정확히 알아야 실수하지 않습니다. 착각하면 문장의 뜻이 달라질 수 있어요. 또, 대명사 'They'는 '그들'이라는 뜻도 되지만, '그것들'이라는 뜻도 됩니다. 무생물이 주어가 될 수 있어요. 한국어와 다르게 영어에서는 무생물이 주어가 되는 경우가 빈번합니다. 따라서 수동태 형식의 문장도 많아요. 이 점을 유의하세요.

넷째, 내신 시험은 지문에서 문제가 나오는 부분 만큼은 반드시 읽어 보세요. 특히 원래 지문에서는 긍정문이었던 문장을 부정문으로 살짝 변형해서 출제하는 경우가 많습니다. 아는 내용이라고 대충 읽거나 아예 안 읽으면 틀리기 쉬워요. 모든 문장을 다 읽을 필요는 없지만, 문제가 요구하는 부분은 반드시 읽어야 합니다.

다섯째, 서술형은 완벽하게 다 쓰지 못한다고 포기하지 말고 최대한 아는 만큼 써 보세요. 많은 친구가 서술형 문제의 정확한 답을 모른다고 도전조차 하지 않고 제출하는 경우가 많아요. 하지만 선생님의 재량에 따라 부분 점수를 주는 경우도 꽤 있습니다. 단어 몇 개라도 쓰는 노력을 보이면 단 1, 2점이라도 점수를 받을 수도 있어요. 답이 무엇인지 알고는 있지만 온전한 문장으로 쓰지 못해 서술형이 어렵죠. 그래도 도전해 보세요. 되도록 주어와 동사를 갖춘 문장으로 써 보세요.

　마지막으로, 서술형을 다 쓰고 난 후 한 번 더 검토해 보세요. 이때 수 일치, 시제, 능동태, 수동태, 그리고 단어의 스펠링이 맞는지 확인해야 합니다. 답은 아주 잘 썼는데 수 일치 하나로 부분 점수를 잃기도 합니다. 주어가 수식어구로 인해 길어진다면 괄호로 표시해서 진짜 주어가 단수인지 복수인지 잘 확인하세요. 특히 동사 부분은 깐깐하게 보는 선생님이 많습니다. 제출하는 답지에 옮겨 적을 때 한 번 더 검토하면 좋은 결과가 있을 거예요.

　실수는 연습으로 극복할 수 있습니다. 평소에 문제를 풀 때 실수를 가볍게 여기지 말고 나를 유심히 관찰하는 기회로 삼아 봅시다. 실수해서 놓친 점수만 잘 잡아도 영어 성적이 한 단계 올라갈 거예요.

무너진 멘탈
추스르는 법

힘겨웠던 시험이 끝나고 성적표가 나온 날의 교실 풍경은 어떤가요? 목표 점수에 도달해 기뻐하는 친구들도 있고 원하는 점수를 받지 못해 좌절하고 우는 친구들도 있습니다. 멘탈이 부서졌다며 모든 의욕을 잃기도 하고요. 이 상황에서 내 감정을 조절하고 다시 일어서는 것, 이 역시 시험의 과정이랍니다. 좌절에 빠져 허우적거리지 않고 다시 긍정적으로 일어나야 합니다.

먼저, 목표 점수를 받지 못한 원인부터 살펴보세요. 목표에 도달하지 못했다는 사실에만 꽂혀 있지 말고 내 목표가 현실적이었는지부터 확인해 봅시다. 특히 처음으로 공부한 하위권 학생일수록 허황된 목표를 세울 확률이 높습니다. 예를 들어, 원래 성적이

40점이었던 친구가 본문 암기를 했다는 이유로 80점을 목표로 삼는 것이지요. 물론 목표는 높을수록 좋다는 말도 있지만, 비약적인 점수 향상은 어려워요. 잘하고 싶은 욕심으로 너무 높은 목표를 세우지 마세요.

중학교 시험과 달리 고등학교 시험은 범위 지문을 완벽히 숙지해도 평소 단어 실력에 따라 성적이 잘 나오지 않을 수 있어요. 선택지에 있는 결정적 단어 하나로 점수가 달라집니다. 한마디로 평소 공부가 쌓여 절대적인 내 실력이 되어야 높은 점수를 받을 수 있다는 말이에요. 특히 국어, 영어, 수학 이 세 가지 주요 과목은 꾸준한 공부만이 점수를 보장해 줍니다. 몇 주 반짝해서 오르는 일은 거의 없어요. 기본기의 문제입니다. 탄탄한 기본을 먼저 쌓아야 해요.

그럼 현실적인 목표는 어떻게 설정해야 할까요? 하위권이냐 중위권이냐 상위권이냐에 따라 다릅니다. 하위권일수록 점수 향상이 빠르지만 상위권이라면 5점 올리는 데도 큰 노력이 필요합니다. 점수를 아예 신경 쓰지 않고 공부량 자체를 목표로 삼는 것도 좋아요. 점수는 내 행동의 결과일 뿐이니까요. 공부량을 정하고 매일 열심히 공부하면 어느새 점수가 오른답니다.

다른 친구와의 비교는 금물입니다. 비교는 항상 나 자신과 해야 해요. 남과의 비교는 의욕만 꺾을 뿐 아무 도움도 되지 않아요. 지난 시험의 나에 비해 이번 시험의 나는 어땠나요? 멘탈은 감정이 아닌 논리로 관리해야 합니다. 그저 열심히 한 것 같다고 단정 짓지 말고 종이 한 장을 꺼내서 최대한 구체적으로 모든 공부 과정을 적어 보세요. 이 과정이 피드백입니다. 한 지문당 몇 번 공부했는지, 첫째 주에는 무엇을 했고 마지막 주는 무엇을 했는지, 문제는 몇 개나 풀어 봤는지, 틀린 문제는 어떻게 공부했는지, 지문을 고르게 공부했는지, 학원이나 과외에만 의존하지는 않았는지 모두 살펴보세요. 생각나지 않는다고요? 플래너를 썼다면 증거가 모두 남아 있어요. 희미한 내 기억 말고 플래너의 증거를 믿어 보세요. 그저 속상하다는 감정에 얽매이지 말고 차분히 내 상황을 분석하면 조금 더 덤덤해질 수 있어요. 피드백 과정은 반드시 종이에 적어 다음 시험 때 참고할 수 있어야 합니다.

그래도 속상하다면 긍정 일기를 써 보세요. 시험에서 쓰라린 패배를 맛봤더라도 그 안에 반성하고 배울 점이 많습니다. 영어라는 한 과목 안에서도 찾을 수 있지만, 과목별로 그 교훈이 다를 수 있어요. 긍정 일기를 쓸 때는 최대한 긍정적인 문장을 써 봅시다. 깨달은 점뿐만 아니라 지난 시험에 비해 나아진 점도 분명 있을 거예요. 자신을 칭찬하면 앞으로도 더 잘할 거라는 확신이 생긴답니다. 부정적인 감정을 긍정적으로 바꾸는 것 역시 학생들에게 꼭 필요한 자세입니다.

영어라는 과목은 성적이 정말 안 오르다가 갑자기 훅 오르는 과목이에요. 문법, 단어, 해석 속도, 독해를 꾸준히 연습하면 어느

새 성적이 쑥 오릅니다. 처음에는 그 변화가 미미해 잘 보이지 않아요. 그러나 믿어 보세요. 성적에는 변화가 없어도 실력은 차곡차곡 쌓이고 있습니다. 단, 공부는 제대로 해야 해요. 한 달 반짝 공부하고 큰 점수 향상을 기대하지 말고 꾸준히 제대로 공부하세요. 성적이 바로 오르지 않는다고 교재나 공부 방법을 계속 바꾸면 안 됩니다. 교재를 선택했다면 그 교재를 끝까지 풀어 봐야 합니다.

　마지막으로 내 점수와 나를 동일시하지 마세요. 성적이 아니라 공부 습관에 초점을 맞추면 시험에서 크게 좌절하지 않습니다. 점수는 결국 오를 것이니 넘어지면 툭툭 털고 다시 일어나서 달리면 됩니다. 그뿐이에요. 걱정하지 말고 자신을 믿어 보세요. 꾸준한 공부는 언젠가 꼭 빛을 발할 거예요.

시험이 끝나면
해야 할 일들

시험이 끝나도 우리에겐 할 일이 남아 있어요. 바로 시험지를 분석하는 일입니다. 시험지 분석은 타이밍이 중요합니다. 시험이 끝난 직후가 적기입니다. 시험이 끝나고 한참 뒤에 분석하면 내가 왜 틀렸는지 잊어버릴 확률이 높아요. 시험이 끝나자마자 최대한 빨리 모든 과목을 분석해 봅시다. 생각보다 시간도 오래 걸리지 않으니 꼭 해 보세요.

내신이라면 먼저 시험지의 모든 문제 유형을 적어 봅니다. 학교마다 유형이 다르고 선생님마다 선호하는 스타일이 다릅니다. 유형을 정확히 파악해야 그에 맞는 대응을 할 수 있어요. 예를 들어 볼까요?

"이번 시험에서 서술형 6문제, 객관식 24문제가 나왔네. 서술형은 문장을 통으로 쓰는 문제가 4개, 단어 하나만 쓰는 문제가 2개였어. 객관식은 어법 문제가 10문제, 내용 이해 문제가 14문제 나왔어. A-B-C 문제는 2개, 문장 삽입 문제도 2개가 나왔네. 일치/불일치 문제 2개가 영어 선택지로 나왔네. 지난번에는 한글 선택지였는데 더 어려워졌구나. 빈칸 문제가 4문제나 나왔는데 전부지문을 일부 변형했어. 초반에는 범위와 내용이 똑같았는데 중간부터 변형해서 다른 문제로 나왔어. 그래서 어려웠구나. 선택지에 나온 단어들이 수업에서 가르쳐 주지 않은 생소한 단어였어."

이렇게 시험지를 분석했다면 이제 나를 분석할 차례입니다. 나를 분석할 때는 문제를 푼 순서, 어려웠던 문제, 찍은 문제, 헷갈렸지만 맞은 문제, 몰랐던 단어들, 틀린 이유를 모두 상세히 적습니다. 틀린 문제는 신경 써 최대한 꼼꼼하고 상세히 적는 것이 포인트입니다.

"16번 빈칸 문제를 틀린 이유를 분석해 보자. 이 지문은 여러 번 공부해서 잘 알고 있는 지문이었어. 모든 문장을 다 외웠거든. 근데 왜 틀렸을까? 만일 서술형으로 나왔다면 다 외웠으니 맞았을 거야. 그렇지만 중간 핵심 주제문에 빈칸을 넣어 영어 선택지를 고르는 문제로 나왔어. 역시 빈칸 문제는 핵심 문장에서 나오는구나. 주제문이니 어떤 내용이 들어가야 하는지 감은 왔었는데 선택지 해석이 어려웠어. 일단 선택지 2개의 단어를 몰랐어. 그래서 해석이 되는 3개 중 하나로 찍었던 거야. 사실 풀면서도 3개 모두 아리송했어. 주제와 관련이 없었거든. 사실 답이 아니라면 선택하지 말았어야 했는데 괜히 해석되니까 선택했어. 내게 이런 습관이 있었구나. 조심해야겠네. 정답 선택지에 있던 모르는 단어가 주제와 관련 있는 단어였구나. 평소에 단어 공부를 더 열심히 해야겠어. 이 문제를 풀 때 다른 문제보다 시간을 많이 잡아먹어서 뒤로 갈수록 시간이 부족했어. 앞으로는 좀 더 빠르게 풀어서 나중에 서술형 풀 시간을 확보해야지."

이런 분석은 상세할수록 좋습니다. 생각에서 그치지 말고 구체적으로 적어 놓으세요. 실수했다면 그 실수도 적어 놓으세요. 평소 공부할 때도 오답 노트를 작성해야 하지만 시험이 끝나고도 시험용 오답 노트를 작성해야 합니다. 그 오답 노트는 나에게 길을 알려 주는 등대와 같아요. 다음 시험을 준비할 때 한 번만 훑어봐도 큰 도움이 됩니다.

단순히 단어를 몰라서 틀렸다는 식의 오답 노트는 도움이 되지 않아요. 틀린 이유가 그 단어 때문이 아닐 수도 있어요. 틀린 문제를 분석할 때는 원래 범위의 지문을 함께 보면 큰 도움이 됩니다. 어디에서 출제하고 변형했는지도 살필 수 있죠. 더 중요한 것은 바로 내 수업 필기와 비교해 볼 수 있다는 점이에요. 선생님이 강조한 부분이 실제로 시험에 나왔는지 파악해야 합니다. 보통은 선생님이 강조한 부분이 시험에 주로 나옵니다. 여러분의 실제 시험지에서 확인해 보세요.

모의고사도 역시 분석해야 합니다. 문제 유형은 분석할 필요가 없지만 나 자신은 분석할 수 있지요. 모의고사는 처음 보는 지문이기에 내신 분석과는 약간 다릅니다. 문제를 풀 때 지문을 이해했는지가 포인트이지요. 키워드를 잡으면서 지문을 읽었는지, 급하게 풀지는 않았는지, 이해는 했는지, 단어는 몇 개나 몰랐는지 등을 살펴보세요. 틀린 문제는 다시 풀어 보면서 어떤 함정에 빠졌는지 확인해 보세요.

축구 선수들이 지난 경기를 분석하는 것처럼 우리도 지난 시험을 분석해야 합니다. 구체적인 피드백으로 내 공부 습관과 공부 방법의 방향을 세밀하게 잡아 보세요. 분명 다음 시험에서는 자신감이 붙을 거예요.

chapter
9

이제는 영어가 만만해진
영포자들의 이야기

단어 공부가 어려웠던
유정이

고등학교 2학년인 유정이가 가장 싫어하는 과목은 영어였습니다. 평소에는 6등급이고 잘 나와야 5등급이었는데, 단어 실력이 너무 부족해서 지문을 읽어도 무슨 내용인지 감조차 못 잡았어요. 내신 시험에서도 본문에 나온 단어는 알아도 선택지에 나온 생소한 단어를 몰라 틀리는 경우가 많았습니다. 시험 기간에는 나름 열심히 공부하는데도 시험 성적이 좋지 못해 유정이의 자신감은 점점 떨어졌어요. 단어만 알아도 문제를 좀 더 잘 풀 듯한데 솔직히 단어를 외우는 법도 잘 모르겠다고 하더군요. 유정이는 대치동 학원까지 다니면서 단어를 외워도 딱 그 순간만 기억에 남을 뿐 그 후에는 머리에 남는 게 없었어요. 친구들은 척척 잘만 외우는 것 같은데 혼자만 못하는 자신을 자책했습니다.

열심히 공부하는 것 같은데 노력해도 안 외워진다며 불만을 토로한 유정이. 시험에서 자신감을 얻고 지문을 술술 읽기 위해 절대적인 단어 실력을 높여야 하는 상황에서 유정이는 어떻게 공부하고 있을까요?

계획적인 공부로 단어 실력을 높이다

저는 우선 유정이가 평소에 어떻게 공부하는지 살펴봤습니다. 유정이는 일단 자신의 공부량과 공부 방법을 정확히 파악할 필요가 있었습니다. 단어가 안 외워지는 원인은 무엇인지, 성적과 직결될 정도로 충분히 공부하고 있는지 분석하기 위해서였지요. 유정이는 늘 열심히 공부한다고 말했지만, 정확히 하루에 몇 시간이나 공부하는지, 단어는 몇 개씩 외우는지는 전혀 모르고 있었습니다. 유정이는 스터디 플래너조차 쓰고 있지 않았어요. 열심히 공부한다던 유정이의 말은 본인의 감정에 근거한 것일 뿐이었습니다. 제 조언에 따라 유정이는 먼저 자신의 공부 습관을 정확히 지켜보기로 했습니다. 그 첫 단추로 스터디 플래너 쓰기부터 시작했습니다.

스터디 플래너를 쓰기 시작하고 일주일 뒤, 유정이는 암기한 영단어 개수와 공부 시간을 파악하게 되었습니다. 유정이는 본인이 정말로 열심히 공부했다고 생각했지만, 사실 영어 학원 가기 전날에 몰아서 단어 공부를 하는 경향이 있었습니다. 학원 가기 전날에는 3시간씩 단어 공부를 했지만, 평소에는 다른 과목 공부를 하느라 단어 공부를 하지 않았어요. 일주일에 이틀만 공부한 셈이었습니다. 또, 학원에서 숙제로 내주는 단어 60개는 꼬박꼬박 외웠지만, 이전에 외웠던 단어를 복습하지 않고 진도만 나갔습니다.

저는 유정이에게 단어 공부는 몰아서 하는 것보다 틈틈이 자주 하는 것이 효과적이며, 계속 새로운 단어만 암기하지 말고 지난번 외웠던 단어를 복습해야 한다고 조언해 주었습니다. 마지막으로 학원에서 배우는 단어의 수준이 본인과 맞는지 확인하라는 말도 잊지 않았습니다.

유정이는 본인의 진짜 단어 실력을 알아보기 위해 모의고사 문제로 검토해 보기로 했습니다. 고2 모의고사 문제 중 하나를 골라 살펴보니 한 지문에서 모르는 단어가 20개가 넘었어요. 이번에는 고1 모의고사에서 한 문제를 골라 같은 방식으로 검토했더니 모르는 단어가 15개 정도였습니다. 유정이는 학원에서 배우는 단어보다 더 낮은 수준의 단어를 공부해야 한다는 것을 깨닫고 자신의 수준에 맞는 단어장을 샀습니다. 단어장을 고를 때도 상대적으로 쉬운 앞부분이 아닌 중간 부분을 살펴봤어요.

유정이는 단어장을 구입하고 공부 전략을 세웠습니다. 학원에서 내주는 단어 숙제는 그대로 하되, 고1 단어장의 단어를 매일 10개씩 따로 암기하기로 했습니다. 또, 몰아서 하는 습관을 버리고 매일 꾸준히 공부하기로 마음먹었습니다.

처음에는 매일 공부하는 게 쉽지 않았습니다. 습관이 잡혀 있지 않았고, 수행평가나 다른 과목의 숙제가 있는 날에는 더더욱 시간을 내기가 힘들었습니다. 유정이는 따로 공부 시간을 내기보다 평소의 습관과 영어 공부를 결부시키는 전략을 쓰기로 했습니다. 매일 따로 외우기로 한 고1 단어 10개를 매일 아침 핸드폰 바탕화면 메모에 적어 놓고 핸드폰을 켤 때마다 보고, 학원 숙제인 단어 60개는 매일 학교에 도착하자마자 암기했습니다. 그리고 집에 오자마자 20분 동안 그날 외운 것을 복습하며 단어를 보는 빈도를 높이고, 주말에는 지난주에 공부한 것을 복습했습니다.

한 달 후, 유정이는 스터디 플래너를 보며 지난 한 달간 단어 공부를 분석해 봤어요. 이전에는 그저 학원 숙제를 하는 데 급급했는데 이번에는 자기 주도적으로 단어 공부를 한 것이 뿌듯했습니다. 물론 계획을 완벽히 지킨 것은 아니었지만, 이전보다 단어를 보는 것이 습관화된 것만은 분명했어요. 다만 학교에 가자마자 공부하겠다는 다짐은 지키기가 어려웠는데, 절친인 진주와 자꾸 수다를 떨게 돼서였어요. 유정이는 전략을 바꿔 진주에게 같이 공부하자고 설득했습니다. 유정이와 진주는 매일 아침 같이 단어를 외우고 10개씩 시험을 봐서 틀린 개수가 2개 이하인 사람에게 매점 빵을 사주기로 했어요. 친구와 같이 공부하니 의욕이 더 생기는 것은 물론이었고, 서로 시험을 봐 주고 난 후 재밌게 수다를 떨기도 했습니다. 그렇게 유정이는 영어 단어 공부를 점점 즐기게 되었습니다.

3개월 후, 유정이는 단어장 한 권을 떼고 새로운 단어장을 암기하기 시작했습니다. 이제는 점심시간에도 짬을 내서 10분 동안 단어 복습을 하고 있어요. 며칠 전 본 모의고사에서 4등급을 받은 유정이는 이제 더는 영어 지문이 두렵지 않습니다. 물론 아직 공부할 것이 많지만 하나씩 하다 보면 언젠가 1등급을 받을 수 있다는 희망이 생겼기 때문이죠. 오늘도 유정이는 즐겁게 단어 공부를 합니다.

책상에 앉아는 있지만 집중하지 못하던 민혁이

17살인 민혁이는 성실한 학생이었습니다. 적어도 겉으로 보기에는요. 방과 후 독서실로 가서 밤 10시까지 책상에 앉아 책을 펴고, 때로는 집에 가서도 새벽까지 책상에 앉아 있어 부모님께 칭찬을 받기도 했지요. 하지만 이상하게도 민혁이의 성적은 계속 4등급에 정체되어 있었어요. 몸은 책상에 앉아 있지만, 머리는 공부에 집중하지 못했기 때문입니다. 인터넷 강의를 들어도 딴생각에 빠져 집중하지 못하고, 숙제하면서도 친구와 이야기한 내용이 자꾸 떠올라 웃기도 했어요. 학교 수업을 복습하면서도 몽상에 빠지고 자주 졸려서 한숨 자기도 했고요.

민혁이는 책상에 앉아 있는 시간과 실제 학습 시간의 차이가 큰 전형적인 학생이었습니다. 스스로 문제점을 잘 알고 있었지만, 집중하는 방법은 모르고 있었어요. 책상에 앉아 있는 시간을 실제 학습으로 연결하고, 공부 습관 자체를 바꿀 필요가 있었지요. 과연 민혁이는 어떻게 집중력을 높였을까요?

아웃풋 공부법으로 공부 효율을 높인 민혁이

열심히 독서실에 가고 플래너도 열심히 쓰던 민혁이는 우선 책상에 앉아 있는 동안 일어나는 일을 파악할 필요가 있었습니다. 민혁이는 공부에 집중해야 한다는 사실은 알고 있었지만, 집중하겠다고 다짐만 할 뿐 구체적인 방법은 모르고 있었어요. 저는 민혁이의 스터디 플래너에서 여러 문제점을 발견할 수 있었습니다.

일단 민혁이의 계획과 실행 목록이 너무 간단했어요. '5시~6시: 영어 공부' 이런 식이었지요. 물론 민혁이 입장에서는 영어책을 펴고 외우려는 시늉은 했으니 이 계획은 잘 지켜진 것이지만 제 입장은 달랐습니다. 저는 민혁이에게 공부 계획은 구체적이고 측정 가능하게 세우고, 설렁설렁 공부하는 습관을 버리려면 빈틈없는 계획을 세워야 한다고 조언했습니다. 또, 한 시간 동안 한 공부의 내용을 자세히 적어 집중력을 관리하라는 말도 덧붙였습니다.

민혁이는 조언대로 더 구체적인 계획을 세웠습니다. 먼저 시간을 1시간이 아닌 30분 단위로 쪼개 관리하고, 계획 내용은 '문제집 12~13쪽 풀기'와 같이 명확하게 적었습니다. 계획대로 문제집을 풀고 플래너에 문제 풀이에 걸린 시간을 정확히 기록해 봤더니 예상보다 적은 23분이 걸렸어요. 이 정도라면 20분 안에도 풀수 있지 않을까 생각한 민혁이는 다음날 20분 안에 같은 양의 문제를 풀었습니다. 이렇게 하니 확실히 조금 더 집중력 있게 공부할 수 있었고, 설렁설렁 공부하던 습관이 조금씩 잡히기 시작했습니다. 그리고 스톱워치를 구입해 앉아 있는 시간과 집중한 시간을 구분하기 시작했는데, 확실히 스톱워치가 있으니 1분이라도 더 집중하기 위해 노력하게 되었습니다.

그러나 단어를 외우면서 본인도 모르게 딴생각에 빠지는 습관은 여전히 남아 있었습니다. 저는 민혁이에게 공부 방법 자체에 문제가 있으니 아웃풋 공부법으로 전환하라는 조언을 했습니다.

그때까지 민혁이의 단어 공부 방법은 그저 눈으로 여러 번 단어장을 보는 인풋 방식이었습니다. 자주 보니 다 아는 것 같은 느낌은 드는데 막상 시험을 볼 때는 정확한 뜻이 생각나지 않았지요. 문제점을 파악한 민혁이는 아예 공부 방법을 바꾸어 단어 뜻을 가리고 테스트를 하기 시작했습니다. 끊임없이 자신에게 질문하고 답변하니 딴생각이 날 틈이 없었어요. 그래도 정 집중이 안되면 영어 단어를 먼저 노트에 적은 후 뜻을 테스트하며 공부했습니다. 민혁이는 전보다 더 힘든 방식이긴 해도 분명 집중도 더 잘되고 잘 외워지는 것을 몸소 느꼈습니다.

민혁이는 생활 습관도 다시 한번 검토했습니다. 책상에서 자거나 집중하지 못하는 시간을 줄여서 공부 시간을 늘리려는 생각이었죠. 일주일 동안 기상 시간과 취침 시간을 적고 평균 수면 시간을 확인해 봤더니 5시간이 채 되지 않는 경우가 많았습니다. 수면 시간 자체가 부족하니 넋 놓는 시간도 늘고 집중을 못한 것이었어요. 민혁이는 과감히 수면 시간을 1시간 늘리기로 다짐했습니다. 처음에는 공부 시간이 줄어든다는 불안감이 있었지만 수면 시간을 늘리자 공부에 더 집중할 수 있었고, 학교에서도 더 또렷한 정신으로 수업을 들을 수 있었습니다.

민혁이는 같은 1시간이라도 집중력에 따라 학습 효과가 천차만별임을 깨달았습니다. 3개월 후, 민혁이는 목표했던 문제집 한 권 풀기에 성공했습니다. 이전에는 문제집 한 권을 푸는 데 5개월이 걸렸었는데 말이에요. 단어 공부도 아웃풋 공부법으로 전환해 집중력 있게 공부하고 있습니다. 여전히 가끔은 딴생각에 빠지기도 하지만 이전보다 훨씬 더 집중력이 좋아져 민혁이의 자신감은 나날이 커지고 있어요.

하루는 학교 선생님이 따로 민혁이를 불러 칭찬했다고 합니다. 이전에는 딴생각에 빠져 있는 모습을 자주 봤는데 요새는 자습 시간에도 열심히 하는 것이 느껴진다고요. 이렇게 몰입의 중요성을 깨달은 민혁이에게 또 다른 보상이 찾아왔습니다. 6월 모의고사 2등급! 꾸준한 집중 공부의 성과입니다. 이제 더 이상 공부가 지루하지 않은 민혁이는 오늘도 즐거운 마음으로 독서실로 향합니다.

성적 대신 게임 캐릭터 레벨 업을 하던 찬종이

찬종이는 공부와는 거리가 먼 학생이었습니다. 수업이 끝나면 잽싸게 PC방으로 달려가 게임을 해야 직성이 풀렸지요. 게임 캐릭터 레벨이 높아질수록 현실에서의 성적은 떨어졌지만, 찬종이는 개의치 않았습니다. '이 순간을, 하루하루를 즐기며 살자'가 찬종이의 좌우명이었거든요. 적어도 작년까지는요.

고3이 되자 찬종이 친구들이 하나둘씩 공부를 하기 시작했습니다. 매일 같이 게임하던 대협이까지 슬슬 공부해야 한다며 독서실에 다니기 시작하자, 찬종이는 배신감에 치를 떨었습니다. 찬종이의 마음 한구석에서 불안감이 스멀스멀 올라왔지만 애써 무시했습니다.

새 학기가 시작되었고, 대협이가 3월 모의고사 성적이 올랐다고 좋아합니다. 인서울 컴퓨터공학과에 들어가서 게임을 만들겠다는 목표도 세웠다고 하니 찬종이는 더욱 불안해졌습니다. 본인도 이제 미래를 생각할 때라는 것을 깨달았기 때문이죠.

찬종이도 열심히 공부하고자 마음은 먹었지만 사실 어떻게 공부를 시작해야 할지 감이 오지 않습니다. 책상에 앉기가 너무 힘들고 계속 PC방에 가고 싶은 마음이 들어요. 이런 상황에서 찬종이는 어떻게 공부 습관을 잡았을까요?

아주 작은 습관으로 공부와 친해지다

찬종이는 공부를 싫어하는 것을 넘어 증오하는 수준이었어요. 저는 찬종이와의 대화로 공부를 싫어하게 된 이유를 알 수 있었습니다. 찬종이는 머리 좋은 아이들만 공부를 잘한다고 생각하고 있었어요. 본인은 어차피 열심히 해도 안 되니 당장 기쁨을 얻을 수 있는 게임에 몰입하게 된 것이었죠. 게임은 조금만 해도 쏙쏙이 터지고 레벨 업도 금방 됐거든요. 부모님은 이미 찬종이를 포기한 지 오래라고 했습니다. 찬종이의 공부 자신감은 바닥이었고, 자존감도 마찬가지였습니다. 찬종이는 게임을 하면서도 한편으로는 게임으로 도피하는 자신이 싫었습니다. 회화가 아닌 문제집에 나오는 영어는 쓸모없다고 생각하기도 했고요.

저는 가장 먼저 찬종이의 생각을 바꾸기 위해 공부를 하면 할수록 머리가 좋아진다는 사실을 일깨워 주었습니다. 사람의 두뇌 능력은 고정되어 있고, 변하지 않는다고 생각했던 찬종이는 머리는 쓸수록 좋아진다는 말에 얼굴빛이 밝아졌습니다. 저는 작은 희망이 생긴 찬종이가 자신감을 되찾을 수 있도록 칭찬 일기를 쓰게 하고, 좋은 대학에 가면 하고 싶은 버킷리스트도 적어 보게 했습니다. 찬종이는 30개가 넘는 목록을 썼고, 열심히 공부해서 1년 뒤 이 목록들을 모두 해 보자는 목표를 세웠습니다.

공부 의욕이 가득 찬 찬종이는 계획을 잔뜩 써서 제게 보여 주었습니다. 주중에는 하루 6시간, 주말에는 14시간씩 공부한다는 계획이었습니다. 저는 열심히 공부하고자 하는 마음은 충분히 이해하지만, 지금은 공부 습관부터 잡자고 조언했습니다. 며칠만 지나도 힘들어할 찬종이의 모습이 뻔히 보였기 때문이었습니다. 지금 찬종이에게는 작심삼일 공부보다는 적은 시간이라도 꾸준히 공부하는 습관을 들여 책상과 친해지는 것이 급선무였습니다. 이미 습관이 잡혀 있는 친구와는 다른 전략을 써야 했지요. 제가 찬종이에게 새로 짜준 계획은 찬종이가 보기에는 너무나 별거 없는 작은 계획이었습니다.

- 학교 끝나고 매일 독서실 가기

- 10분 동안 교과서 따라 쓰기
- 기상과 취침 시간 적기
- 게임한 시간 적기

찬종이는 긴 시간 공부하는 것보다 생활 패턴을 안정화하고 독서실이라는 환경 자체에 익숙해지는 것이 우선이었습니다. 찬종이는 처음에는 자신만만해했지만 일주일 후에 플래너를 보니 안 지킨 날이 많았어요. 막상 해 보니 학교 끝나고 독서실 가기가 생각보다 쉽지 않았습니다. 그래도 해 볼 만한 작은 목표였기에 꾸준히 실천했습니다.

찬종이는 독서실에 가서 10분 동안 공부해 보니 공부가 별것이 아니라는 생각이 들었습니다. 펜을 들기 전까지는 심리적 저항이 컸는데 10분 정도 공부하다 보니 더 알고 싶은 욕구가 생겼거든요. 교과서에는 모르는 단어와 문장이 많았지만, 욕심부리지 않고 차근차근 한 문장씩 공부했습니다.

한 달 후, 찬종이의 월별계획표에는 독서실을 가지 않은 날보다 간 날이 훨씬 더 많아졌습니다. 자신감이 생긴 찬종이는 조금 더 구체적인 계획을 세우기 시작했습니다. 한 달 전까지만 해도 10분 공부가 전부였지만, 이제 매일 단어 20개를 외우고 구문 인터넷 강의를 듣기 시작했습니다. 중하위권 학생들도 이해할 만한 초급 강의였습니다. 단어 암기도 처음보다 쉬워지자, 찬종이는 공부하면 할수록 잘하고 싶다는 생각을 하게 되었습니다.

4개월이 지나자 찬종이는 어느덧 중위권인 4등급까지 성적이 올랐습니다. 처음에는 10분 공부로 시작했지만, 이제는 하루 5시간 공부도 어렵지 않습니다. 찬종이의 게임 캐릭터 레벨은 낮아졌지만, 그만큼 성적은 오르고 있습니다. 맨날 게임만 하던 다른 친구 승우가 찬종이의 변화를 보더니 공부하겠다는 마음을 먹었다고 합니다. 찬종이는 뿌듯함을 느끼고 승우에게 아낌없는 조언을 해 줍니다. 찬종이는 점점 변화하는 자신의 세계를 느낍니다. 가상이 아닌 진짜 현실이 바뀌는 공부. 오늘도 게임 캐릭터 대신 자신을 업그레이드하러 찬종이는 독서실로 향합니다.

모의고사 3등급에
발 묶였던 유민이

고3인 유민이는 늘 열심히 공부하는 학생입니다. 수업 태도에도 문제가 없고, 스터디 플래너로 꾸준히 공부 계획도 세우고 실천하고 있지요. 유민이의 내신은 1~2등급으로 좋은 편이고, 한 번 본 내용을 꼼꼼하게 외우고 열심히 공부해서 시험 문제 푸는 것도 어려워하지 않습니다. 학교 선생님도 열심히 공부하는 학생이라고 늘 칭찬하는 모범생이지요.

꼼꼼하게 필기하고 숙제도 열심히 하는 유민이의 걱정은 영어 모의고사 성적이었습니다. 내신과 달리 모의고사만 보면 3등급을 받았거든요. 열심히 단어를 외워도 처음 보는 지문에서는 영락없이 오답의 함정에 빠지고 말았습니다. 때로는 해설지를 봐도 무슨 말인지 도통 이해를 하지 못했어요. 내신은 선생님이 수업 시간에 설명해 주셔서 이해에 어려움이 없었지만, 모의고사에서는 낯선 지문에서 짧은 시간 안에 정답을 찾는 것이 어려웠습니다.

매일 단어를 외우고 문법도 열심히 공부하는 유민이. 유민이는 본인의 영어 모의고사 성적이 왜 3등급에 머물러 있는지 이해가 안 된다고 불평합니다. 이제는 영어가 싫어질 정도랍니다. 유민이의 성적은 왜 3등급에 머물러 있었던 걸까요? 그리고 모의고사 등급을 높이기 위해 어떻게 공부했을까요?

정체하던 성적, '이해 독해'로 오르다

유민이의 공부 습관에는 문제가 없었습니다. 꾸준히 독서실을 가고 공부도 집중해서 했지요. 언뜻 봐서는 문제없어 보이는 유민이에게 저는 10개의 영어 단어와 뜻을 알려 주고 외우게 했습니다. 대부분 이미 알고 있던 쉬운 단어들이었기에 짧은 시간 안에 10개 남짓한 단어를 외우는 것은 유민이에게 쉬운 일이었지요. 다 외우자 저는 지문 하나를 보여 주며 해석하게 했습니다. 아까 외운 10개의 단어가 포함된 지문이었습니다. 문장 구조가 어렵지 않아 유민이는 쉽게 해석했습니다. 해석이 끝나자 저는 책을 덮고 유민이에게 이 지문의 내용을 요약해서 설명해 보라고 했습니다. 그러자 유민이는 당황했습니다. 쉽게 해석한 내용인데 요약해서 설명해 보라니 눈앞이 깜깜했던 것이지요. 결국 유민이는 정확한 주제를 말하지 못했습니다. 저는 바로 이게 가장 큰 문제점이라고 알려 주었습니다.

유민이는 '눈으로만 독해'하는 학생이었습니다. 의미하는 바를 정확히 이해하려고 하지 않고 눈으로 대강 독해하는 버릇이 있었어요. 이 경우, 단어와 문장 구조를 아무리 외워도 시간 안에 제대로 독해하지 못합니다. 유민이에게 정확한 주제를 말해 보라고 하면 두세 번을 읽고 나서야 제대로 말했습니다. 아마 모의고사 때는 더욱 마음이 급해져 대충 읽고 문제를 풀었을 겁니다. 그래서 유민이는 모의고사 문제를 풀 때면 확신이 없고 불안했습니다. 유민이는 눈으로만 하던 독해에서 이해 독해로 넘어가는 훈련을 시작하기로 했습니다.

첫 번째 과제는 '한 문장의 키워드 찾아내기'였습니다. 유민이는 한 문장이 아무리 길어도 핵심 단어는 몇 개 되지 않음을 깨닫고 키워드에 동그라미를 치기 시작했습니다. 처음에는 핵심이 아닌 단어에도 동그라미를 쳤지만, 동그라미만 보고도 화자가 말하고자 하는 바를 말할 수 있을 정도로 연습한 유민이는 시간이 지날수록 키워드를 수월하게 잡아냈습니다. 특히 부정어가 포함된 문장은 부정어 표현을 놓치지 않도록 연습했습니다.

유민이는 한 문장의 키워드를 찾는 한편, 한 문단 속 핵심 주제문을 찾는 연습도 열심히 했습니다. 주제문을 바르게 찾았는지 매번 선생님에게 물어볼 수 없기에 주제문을 해설지에 표시해 주는 좋은 문제집을 골랐습니다. 매일 일정한 양의 문제를 풀면서 연습하니 주제문을 빠른 시간에 정확하게 찾을 수 있었습니다.

또, 제 조언대로 문제가 요구하는 바를 지문에 표시하기 시작했습니다. 서둘러 답을 내지 않고 지문 안에서 정답의 근거를 표시하면 정답이 더 명확하게 보입니다. 유민이는 점점 자신감이 붙었습니다. 한 달 전까지만 해도 모든 문장이 동등해 보였는데 이제는 핵심 문장과 그 문장을 뒷받침하는 문장이 있음을 알게 되었습니다.

마지막으로, 유민이는 틀린 문제를 공부할 때 먼저 지문 안에서 근거를 찾아본 뒤 해설지와 비교하는 연습도 꾸준히 하고 있습니다. 지문의 내용이 추상적일 때는 본인만의 예시를 생각해 보며 어렵고 낯선 지문을 공부합니다.

석 달이 지나고 본 모의고사에서 유민이는 드디어 87점으로 2등급을 받았습니다. 그동안 70점대 중반에서 정체하던 실력이 드디어 오르기 시작한 것입니다. 신기하게도 국어 점수도 같이 올랐는데, 아마 그동안 주제문을 찾으려고 노력했던 부분이 국어 공부에도 도움을 줬기 때문일 겁니다. 유민이는 다시 영어가 좋아졌습니다. 이제는 어떤 새로운 지문도 자신 있게 풀 수 있다는 유민이의 성적은 앞으로도 상승 곡선을 그릴 것입니다.

시험장에만 가면
제 실력이 실종되던 은수

재수생인 은수는 평소에 공부도 열심히 하고 단어 수준도 높은 학생인데 이상하게 시험만 보면 점수가 뚝 떨어졌어요. 독서실에서 모의고사를 풀면 90점 이상 나올 정도로 영어를 잘하는 편인데 시험만 보면 2등급, 혹은 3등급까지 떨어지곤 했습니다.

은수에게 시험장은 악몽 같은 곳이었습니다. 어릴 때부터 시험장에만 들어서면 배가 아프고 땀이 나기 시작했다고 해요. 문제를 풀 때마다 손은 사시나무 떨듯 떨렸고요. 시험을 잘 보라는 부모님의 은근한 기대도 굉장한 부담으로 다가왔습니다. 독서실에서 자습할 때는 아무 부담이 없으니 제 실력을 맘껏 발휘했지만, 시험장에서는 선생님의 기대, 부모님의 기대, 무엇보다 자신의 기대가 은수를 짓눌렀습니다. 기대가 커질수록 은수의 시험 성적은 잘 나오지 않았어요.

결국은 시험에서의 실력이 진짜 실력이기에 은수는 실전에 강해져야 할 필요가 있었습니다. 시험장에서도 독서실처럼 마음 편하게 문제를 풀 수만 있다면 점수가 비약적으로 오를텐데, 은수는 이 상황을 타개하기 위해 어떻게 공부했을까요?

마인드 컨트롤과 실수 노트로 제 실력을 찾다

저는 은수와 시험에 대한 솔직한 감정을 나눠 봤습니다. 은수에게 시험지는 나를 평가하는 대상이자 나를 채찍질하는 엄격한 비평가였습니다. 시험에 필요 이상으로 부담을 느끼고 있었어요. 시험을 못 봤다는 사실은 은수에게 큰 엄벌이었고, 인생이 망할 것 같다는 생각까지도 들었다고 합니다. 저는 먼저 은수가 생각하는 시험에 대한 개념을 바꿔 보기로 했습니다. 물론 한번에 생각을 전환하는 것은 어려웠습니다. 은수는 자신이 생각하는 시험의 의미를 종이에 적어 보고, 시험은 나를 도와주는 도구이자 실력을 확인해 주는 수단일 뿐이라는 사실도 적어 마음에 새겼습니다.

은수는 순서대로 문제를 풀었기에 중간에 어려운 문제가 나오면 당황해 시간을 많이 쏟아붓는 습관이 있었습니다. 당연히 뒤쪽 문제들을 풀 때 시간 분배가 어려워 꼼꼼히 풀지 못했지요. 그래서 시험 보는 전략을 바꿔 보기로 했습니다. 시험 문제를 풀다가 너무 어려우면 당황하지 말고 잠시 심호흡을 3초간 하기로 했습니다. 나에게 어려운 문제라면 다른 아이들에게도 어려울 거라고 생각하기로 했어요. 그리고 너무 어려운 문제는 잠시 두고 다른 쉬운 문제부터 차근히 푸는 전략으로 바꿨습니다. 자신 있는 문제를 먼저 해결하고 남은 시간에 어려운 문제를 풀면 시간을 더 효율적으로 배분할 수 있고, 더 꼼꼼히 풀 수 있기 때문입니다.

은수는 시험장에서 유독 실수가 잦았습니다. 평소라면 잘 풀었을 문제인데 시험이라는 이유로 급하게 풀어 점수가 크게 깎였습니다. 은수는 그저 실수일 뿐이라며 그냥 넘어가려 했지만, 저는 실수도 실력임을 꼬집었습니다. 은수의 오답 노트를 보니 너무 쉬운데 그저 실수로 틀렸다고 생각하는 문제들은 오답 노트에 정리조차 하지 않았고, 어려운 문제들만 잔뜩 있었습니다. 저는 은수에게 시험에서 실수한 모든 문제를 스크랩하라고 조언했습니다. '실수 노트'를 쓰게 한 것입니다.

제 조언대로 은수는 실수 노트를 정리하기 시작했습니다. 실수한 문제들을 모아 보니 자주 실수하는 유형을 알 수 있었습니다. 일치/불일치 문제를 반대로 착각해서 푼다거나, 부정어 표현을 놓쳐 잘못 해석한 경우가 많았습니다. 은수는 일치/불일치 문제에 동그라미, 엑스 표시를 하고, 부정어에는 크게 세모를 치는 등 실수하지 않는 연습을 했습니다.

은수는 외부에서 모의고사를 보는 훈련도 시작했습니다. 따로 학원에 다니지는 않지만, 학원에서 매달 열리는 사설 모의고사를 따로 신청할 수 있었습니다. 은수는 매달 실전처럼 모의고사 보는 연습을 했고, 점심을 먹고 영어 시험이 시작되기 전에 간단한 영어 문제를 풀어 보면서 감각을 잃지 않으려 노력했습니다.

시험을 볼 때는 정답을 맞히겠다는 생각보다 이 지문을 이해하겠다는 방식으로 접근했습니다. 은수는 만점을 받겠다는 부담감을 내려놓고 화자가 말하는 바를 이해하려 하자 훨씬 더 편안한 마음으로 문제를 풀 수 있었다고 합니다. 평소에 공부할 때도 항상 스톱워치로 시간을 재며 실전처럼 연습한 은수는 조금 더 편안한 마음으로 시험장에 나서게 되었습니다.

이런 석 달간의 노력 끝에 은수는 9월 모의고사에서 1등급을 받았습니다. 드디어 제 실력을 찾은 은수는 대망의 수능에서도 1등급, 97점으로 원하던 성적을 받았습니다. 자주 하던 실수를 줄이자 제 실력을 발휘할 수 있다는 자신감이 높아졌고, 이것이 좋은 성적으로 이어졌습니다.

에필로그

제자가 없는 선생님이 있을까요? 제가 선생님이 된 것은 모두 아이들 덕분입니다. 아무것도 모르던 제가 아이들을 만나면서 성장했습니다. 제게 아이들은 제자인 동시에 스승이었습니다.

일상에서 아이들과 만나 수업을 할 때 왜 어떤 아이들은 학업 효과가 크고 어떤 아이들은 부진한지를 꾸준히 고민했습니다. 이 책을 쓰며 많은 책을 참고했고, 많은 날을 고민했으며 많은 사람들과 대화를 나눴습니다. 이 책에 저 혼자만의 생각과 경험이 아닌, 과학적이고 실질적인 조언을 담고자 노력했습니다. 그 과정에서 아이들의 도움을 참 많이 받았습니다.

그래서 이 책은 아이들에게 주는 고마움의 선물입니다. 저의 제자들은 늘 제게 깨달음과 기쁨을 주었습니다. 직접 만나지는 못하지만, 독자 여러분에게도 감사드립니다. 독자 여러분도 저의 소중한 제자라는 마음으로 이 책을 썼습니다. 앞으로도 제자들을 채찍질하기보다 격려와 사랑으로 보탬이 되고 싶습니다.

사랑으로 응원해 준 남편과 항상 든든하게 옆을 지켜 준 가족 모두에게 감사합니다. 긍정의 힘을 가르쳐 주신 부모님 덕에 선생님이 되었습니다. 글쓰기를 지도해 주신 오혜영 선생님께도 감사드립니다. 선생님 덕분에 글을 마칠 수 있었습니다. 너무도 귀한 기회를 주신 도서출판 서사원의 장선희 대표님과 부족한 글을 다듬어 주신 한이슬 팀장님께 감사드립니다.

지금도 영어와 힘겨운 싸움을 하는 학생들에게 이야기해 주고 싶습니다. 지금까지 잘해 왔고 앞으로도 더 잘할 거예요. 공신처럼 하루에 12시간 공부하지 않았다고 자책하지 마세요. 어제보다 조금씩 나아지고 있다면 그 자체로도 의미 있습니다. 조금씩 조금씩 나아가는 여러분을 응원합니다. 이 책을 끝까지 읽었다는 것이 그 가능성의 증거입니다. 아직 꿈이 없거나 성적이 낮아도 괜찮습니다. 꿈은 서서히, 그리고 반드시 찾아옵니다. 그 기다림 속에서 우리는 꿈을 맞을 준비를 하면 됩니다. 성적 또한 서서히, 그리고 반드시 오릅니다. 그 기다림 속에서 스스로를 격려해 주세요. 그 과정을 조금이나마 더 즐길 수 있도록 말이죠.

한창 꿈 많고 호기심 가득한 시기에 책가방을 메고 독서실로 향하는 여러분. 여러분의 창창한 앞날을 응원합니다. 시험에서 승리하고 여러분의 꿈을 향해 달려가기를 바랍니다.

이은지 드림

영어 3등급의 벽을 뛰어넘고자 노력하는 학생들을 위해 네이버 카페를 운영하고 있습니다. 스터디도 진행하고 있으니 혼자 공부하기가 어렵다면 놀러 와서 함께 공부해 보세요! 네이버 카페: https://cafe.naver.com/foryoungpoja (네이버 카페에서 '영포자 1등급' 검색)

멘탈 관리부터 세상 친절한 내신·모의고사 공부 노하우까지

영어 3등급 벽을 뛰어넘는 아웃풋 공부법

초판 1쇄 인쇄 2022년 3월 17일
초판 1쇄 발행 2022년 3월 25일

지은이 이은지

대표 장선희 **총괄** 이영철
책임편집 한이슬 **기획편집** 이소정, 정시아, 현미나
책임디자인 김효숙 **디자인** 최아영
마케팅 최의범, 강주영, 김현진, 이동희
경영관리 문경국

펴낸곳 서사원 **출판등록** 제2021-000194호
주소 서울시 영등포구 당산로 54길 11 상가 301호
전화 02-898-8778 **팩스** 02-6008-1673
이메일 cr@seosawon.com
블로그 blog.naver.com/seosawon
페이스북 www.facebook.com/seosawon
인스타그램 www.instagram.com/seosawon

ⓒ이은지, 2022

ISBN 979-11-6822-049-2 03190

서사원은 독자 여러분의 책에 관한 아이디어와 원고 투고를 설레는 마음으로 기다리고 있습니다.
책으로 엮기를 원하는 아이디어가 있는 분은 이메일 cr@seosawon.com으로 간단한 개요와 취지,
연락처 등을 보내주세요. 고민을 멈추고 실행해 보세요. 꿈이 이루어집니다.